비즈니스 커뮤니케이션

저자약력

박복재(朴福在)

전남대학교 대학원 무역학과(경영학석사, 박사)
일본와세다(早稲田)대학 상학연구과 연구원
University of Colorado at Boulder 객원교수
한국국제상학회 부회장
한국통상정보학회 부회장
한국무역학회 이사
전남대학교 문화사회과학대학 학장
현, 전남대학교 경상학부 국제통상학전공 교수

저서 및 논문

무역상무론(전남대학교출판부, 2014)
무역영어(전남대학교출판부, 2013)
무역학개론(공저, 무역경영사, 2012)
도시브랜드마케팅(공저, 전남대학교출판부, 2011)
"메가이벤트 전후 개최지역에 미치는 효과에 관한 동태적 분석", 통상정보연구, 2015.
"우리나라 환경산업의 무역구조와 국제경쟁력에 관한 연구", 통상정보연구, 2013.
"디지털 콘텐츠 교역의 확산이 조세수입에 미치는 영향에 관한 국가 간 비교 연구", 전자무역연구, 2012.
"미국 · EU시장에서 아시아 경쟁국가와의 디지털재화 경쟁구조 분석", 국제상학, 2011.

비즈니스 커뮤니케이션

인 쇄 2016년 2월 11일
발 행 2016년 2월 15일

저 자_박복재
발행인_지병문
발행처_전남대학교출판부
등 록_1981. 5. 21. 제53호
주 소_61186 광주광역시 북구 용봉로 77
전 화_(062) 530-0571~2
영업부_(062) 530-0573
팩 스_(062) 530-0579
홈페이지_http: //www.cnup.co.kr
이메일_cnup0571@hanmail.net

값 10,000 원

ISBN 978-89-6849-283-9 (93320)

이 도서의 국립중앙도서관 출판예정도서목록(CIP)은 e-CIP홈페이지(http://www.nl.go.kr/ecip)와 국가자료공동목록시스템(http://www.nl.go.kr/kolisnet)에서 이용하실 수 있습니다.
(CIP제어번호: CIP2016003509)

BUSINESS COMMUNICATION
비즈니스 커뮤니케이션

박복재 저

전남대학교출판부

머 리 말

우리나라는 1962년 '무역입국'을 내걸고 수출에 매진한 지 반 세기만에 세계에서 아홉 번째로 무역 1조 달러를 돌파하는 경이로운 실적을 달성하였다. 그러나 최근 세계교역의 둔화에 따른 수출부진과 저유가로 인한 수입액 감소로 교역규모가 줄어들었다. 그러나 현재에도 무역은 우리나라 경제의 중추적 역할을 하고 있으며 최대 성장 동력이다.

현재 우리나라의 많은 기업들이 해외에 자회사, 지점, 판매점이나 생산거점을 가지고 글로벌 경영을 하고 있다. 국제 비즈니스 현장에서는 글로벌 경영, 교통 및 통신수단의 진보에 따라 회화능력 등의 비즈니스 커뮤니케이션의 중요성이 날로 증대되고 있다. 비즈니스 영문서한의 수단도 편지나 팩시밀리에서 대부분 이 메일(E-mail)로 변화하였다. 비즈니스 커뮤니케이션 중에서 무역통신문은 가장 기본적이고 실제적이며, 상황과 내용에 따라 얼마든지 응용될 수 있다.

본서는 비즈니스 영어를 "상품의 수출입에 관한 영문서한"으로 한정하여, 초보자가 기본적 표현을 가장 편리하게 배우는 것을 목적으로 하였다. 비즈니스 영어는 기본적으로는 영어실력이 바탕이 되어야 하지만, 오랜 무역의 역사 가운데 길러진 관용적 표현이다.

본서에서는 실제 무역거래에서 "교섭, 계약의 체결, 계약의 이행, 클레임의 처리"에 중점을 두고, 가능한 많은 표현을 수록하였고, 현재 국제비즈니스 현장에서 많이 사용되는 실용성이 높은 예제를 엄선하였다.

본서의 제1장은 비즈니스 영문서한의 구성요소와 배치이다.

제2장에서는 비즈니스 영어(Business English) 편으로, 견적, 주문, 선적 등의 국제 무역거래의 각 단계에 맞게 사용되는 기본적 표현을 우선 영문해석으로 배우고, 그들 표현을 이용한 영작문을 작성해 보고자 한다.

제3장에서는 무역거래에서 필수적이고 전문적인 비즈니스 모범 양식(Business Model Form)으로 구성되어 있다.

마지막으로 부록은 국제상업회의소(International Chamber of Commerce)의 Incoterms 2010을 수록하여, 비즈니스 커뮤니케이션의 핵심이 되는 국제무역거래 조건을 학습할 수 있도록 하였다. Incoterms 2010은 향후 무역영어, 무역실무, 신용장 등을 공부하게 될 국제통상 및 무역학 전공 학생들, 국제 비즈니스 업계 종사자들은 필수적으로 학습하고 연구해야 할 국제규칙이다.

본서의 학습을 통하여 독자들이 비즈니스 커뮤니케이션에 대한 이해도를 높이고 전문적인 커뮤니케이션의 능력을 길러서 글로벌 비즈니스 현장에서 활약하기를 진심으로 희망한다.

2016년 立春

白雪이 덮인 無等山을 바라보며

저자

목 차

제2장 비즈니스 영어 (Business English)

제3장 비즈니스 모범 양식 (Business Model Form)

제1장
비즈니스 영문서한의 구성요소와 배치

1. 구성요소
2. 배치
3. 수출입절차 (Export and Import Procedure)

1. 구성요소

비즈니스 영문서한의 구성요소란 서신을 구성하는 각 부분을 말하며, 기본요소와 보조요소가 있다.[1)]

1.1. 서두(Letterhead)

Letterhead가 인쇄된 서한용지를 사용하는 경우에는 별도로 서두를 명시할 필요는 없다. 대부분의 회사는 서두에 아래와 같은 사항을 용지의 상단 중앙부분에 간소하고 매력 있게 인쇄 둔다.

① 자사명(Firm Name)과 주소(Address)
② 전화번호, 텔렉스 번호, 이메일 주소
③ 업종(Line of Business)
④ 지점 · 출장소(Branches)

1.2. 발신일자(Date)

작성방법에는 영국식과 미국식이 있는데, 영국식은 일 · 월 · 년 순으로 표기하며 미국식은 월 · 일 · 년의 순서로 표기한다.

영국식은 15th January, 2016 (15 January, 2016도 가능)
미국식은 January 15, 2016

1) 박복재, 무역영어, 전남대학교출판부, 2013, pp.15-19

1.3. 수신인명 및 주소(Inside Address)

수신인의 성명 또는 회사명과 주소를 말한다. 흔히 봉투는 분실하기 쉬우므로 다음에 회신을 해야 하는 경우 File 된 편지만으로 용이하게 이용 할 수 있도록 해야 한다.

Inside Address는 첫째 줄은 수신인명과 존칭, 둘째 줄은 회사명, 셋째 줄은 번지수와 동, 가명, 넷째 줄은 도시와 주 및 우편번호 그리고 다음 줄은 국명을 기재한다.

Mr. E. M. Forster, President

Brown & Sto ne, Inc.

1475 Folsom St.

Boulder, Colorado 80302

U. S. A.

미국 사람은 회사에 보내는 편지에도 되도록 존칭을 담당자 앞에 쓰는 습관이 있으며, 개인이름에 존칭 Mr., Mrs., Miss, Ms 등을 붙여서 제1행에 쓴다.

Ltd.(Limited)는 영국계, Inc.(Incorporated)는 미국계의 주식회사를 표시한다. X ~ & Co. =X ~ and Company는 X 라는 사람과 다른 몇몇의 회사라는 뜻이기 때문에 X는 인명이어야만 한다. 주소에서는 St.(Street), Ave.(Avenue), Rd.(Road), Blvd.(Boulevard), Bldg.(Building) 등과 같은 약어도 자주 사용한다.

1.4. 서두인사(Salutation)

서신의 서두에 쓰는 인사로서 형식적인 인사말이다.
회사인 경우에 원칙적으로 남자복수인 경우에

영국식은 Dear Sirs,
미국식은 Gentlemen :

구두점은 영국식에는 comma(,) 미국식에는 colon (:)을 사용한다.

1.5. 본문(Body of the Letter)

본문은 서신을 작성하는 목적을 나타내는 부분으로서 가장 중요한 구성요소이다. 서한을 작성하는 사람이나 읽는 사람이 바쁘기 때문에 요점을 간략하게 쓸 수밖에 없지만, 아무리 하여도 2페이지가 넘어갈 경우에는, 다음과 같이 상대방 회사명, 페이지 수, 날짜를 기입한다.

Yeosu International Corp. - 2 - March 15, 2016

1.6 결미인사(Complimentary Close)

서신의 마지막 부분에 쓰이는 관습적인 인사말로서 주로 사용되는 것은 아래와 같다.

영국식은 Yours faithfully, Yours sincerely,

미국식은 Very truly yours, Sincerely yours,

친근한 사이인 경우에는 Sincerely, Best regards, Regards,

1.7. 서명(Signature)

서명은 서신에 대한 책임소재를 나타내며 법률상의 효력을 부여하는 중요한 요소이다. 무역서신에서 서명은 회사명, 자필서명, 서명자명 및 서명자의 직책명으로 구성된다. 자필서명은 언제나 일정한 글씨체로 다른 사람이 모방할 수 없도록 해야 한다.

1.8. 참조번호(Reference Number)

참조번호란 서신을 발송하거나 수신할 때, 서신의 참조와 filing (분류보존)을 위해서 일정한 양식으로 기재하는 기호 또는 번호를 말하며, 후일 참조번호가 있으면 거래의 신속 및 시간절약을 할 수 있다.

1.9. 건명(Letter Subject)

서신의 제목을 표시하는 것으로 상대방에게 내용파악을 훨씬 수월하게 해 준다. 표제건명 밑에 밑줄을 치는 것이 좋다.

1.10. 특정인 수신표시(Attention Line)

수신자를 상대방 회사로 하면서도 특정 개인이나 부서에 도달될 것을 원하는 경우에는 아래와 같이 특정인 수신표시를 한다.

Attention : Mr. Bill Clinton, Sales Manager

1.11. 서신책임자 약호(Identification Marks)

이것은 서신작성자, 서명자 및 타자원을 밝히고 이들의 책임소재를 분명히 하기 위해 사용하는 것이다.

YWP/mlr(dictator, typist)

YWP/MS/mlr(dictator, signer, typist)

1.12. 동봉물 표시(Enclosure Notation)

서신과 함께 봉투 안에 가격표, 수표, 사진 등 동봉물이 있는 경우에는 반드시 이 사실을 아래와 같이 표시한다.

Encl. : Price List

Encls. : Price List, Commercial Invoice

1.13. 추신(Postscript)

추신은 서신을 다 작성한 후에 추가할 사항이 있거나 본문의 주요 내용을 강조하고자 할 때에 사용된다.

1.14. 사본송부처 표시(Carbon Copy Notation)

서신 작성자가 수신인 이외의 관계자에게도 서신의 내용을 알라고 싶을 때는 사본을 보낼 수 있다. 이 경우는 C.C.(또는 c.c., cc.)로 사본 발송지의 이름을 쓴다.

CC Mr. John Jones

Copy to Mr. John Jones

1-1 비즈니스 서한의 일반적인 형식(Modified Block Form; Open Punctuation)

Letterhead(서두)

[기업명, 소재지, 영업종목, 전화번호, Fax 번호, E-Mail 등]

Reference Number(참조번호)

Date(발신일자)

Inside Address(수신인 성명 및 주소)

Attention Line(특정인 수신표시)

Salutation(서두인사)

Letter Subject(건명)

Body of the Letter(본문)

Complimentary Close(결미인사)

Signature(서명)

Identification Marks(서신책임자 약호)

Enclosure Notation(동봉물 표시)

Postscript(PS. : 추신)

2. 배치

서한에서는 날짜(Date), 맺음말(Complimentary Close), 서명(Signature)이 수직으로 우측에 기재되고, 그 이외의 모든 각 단락은 제1행도 포함하여 좌측의 여백에 수직으로 기재되어 있는 배치(Layout)를 Block Style 이라고 한다.

또한 각 단락의 제1행이 5문자정도 우측으로 들여쓰기가 되어 있는 배치(Layout)는 Semi - Block Style 이라고 한다. 이 배치는 균형 잡힌 아름다운 양식(Form)으로 읽기 쉽고 영미에서 상당히 잘 사용되고 있으나 타이핑에는 비효율적이다.

날짜(Date), 맺음말(Complimentary Close), 서명(Signature)을 포함하여 모두 좌측의 여백에 모아진 완전 수직형을 Full Block Style 이라고 부른다. 좌측에 지나치게 모여 있어서 균형이 안맞고, 상대방에게 주는 인상도 좋지는 않지만, 타이핑의 능률이 가장 좋아서 최근 사용되는 경우가 자주 있다.

3. 수출입절차 (Export and Import Procedure)

(1) An Exporter looks for business connections through his commercial travellers, chambers of commerce, commercial inquiry agencies, exchange banks, business friends, business directories, etc, and after the selection he dispatches to prospective importers his "Trade Circulars" enclosing catalogues, price lists, samples and other necessary information.

(2) An Importer expresses an intention of entering into the transaction with the Exporter after a careful investigation of various information. Exporter inquires of the credit standing of Importer and their mode of doing business through his bank reference or business reference, form which Exporter may receive a satisfactory report on the credit and business standing of the firm.

(3) Exporter sends to Importer the "Agreement (or Memorandum) of General Terms and Conditions of Business."

(4) The Agreement or the Memorandum is to be returned after having been signed by the Importer.

(5) Exporter sends a firm offer to Importer.

(6) Importer makes a counter offer against the firm offer from Exporter.

(7) Exporter inquires of his suppliers about the price and quantity. etc, of the goods referred to from Importer.

(8) Having received the replies from the suppliers, Exporter makes an "estimate."

(9) Exporter makes a new firm offer against the counter offer from Importer.

(10) Importer accepts the offer by cable and sends the order to the Exporter.

(11) Importer applies for the issuance of a "Letter of Credit (L/C)" in favor of Exporter through a Correspondent Bank in order to facilitate drawing a draft.

(12) The Correspondent Bank in Importing country notifies the establishment of L/C to the Notifying [Negotiating] Bank in the exporting country.

(13) Importer cables the Exporter of the L/C opened.

(14) The Notifying Bank (the Negotiating Bank) notifies the establishment of L/C to Exporter.

(15) Exporter buys the goods ordered from the local suppliers usually on credit a/c or Local L/C base.

(16) Exporter packs and marks the purchased goods for exportation, and makes "Invoices."

(17) Exporter applies for the cargo space to a steamship company.

(18) Against the application, a "Shipping Order" is issued.

(19) Exporter tenders to the Customs Authorities an "Export Declaration (E/D)" attached with Export License, if required (19').

(20) After the approval of the Export Declaration, an "Export Permit" is granted.

(21) Exporter loads the goods on board the vessel against the tender of the Shipping Order and the Export Permit.

(22) After the completion of the loading of the cargo, a “Mate’s Receipt (M/R)” is issued.

(23) A “Bill of Lading (B/L)” is issued from the steamship company against the tender of M/R.

(24) Exporter applies marine insurance contract, tendering “Insurance Application Slip” to the insurance company.

(25) Against the application, an “Insurance Policy” or “Insurance Certificate” is issued.

(26) Exporter prepares “Commercial Invoices, “Specifications,” Weight and Measurement List,” and other minor documents.

(27) Exporter has to get “Consular Invoices” verified, if required; he procures “Certificate of Origin,” “Inspection Certificate” or “Certificate of Health” and other certificates or documents, if required.

(28) Exporter draws on L/C Issuing Bank a “Documentary Draft” accompanied by the Bills of Lading, the Insurance Policy. the Commercial Invoices and other necessary documents in exact conformity with the terms of L/C.

(29) Against the presentation of the Documentary Draft to the Negotiating Bank, Exporter receives the proceeds, the net value of the bill of exchange, from the Negotiating Bank.

(30) The Negotiating Bank dispatches the Documentary Draft to their Correspondent Bank, usually L/C Issuing Bank.

(31) exporter dispatches an “Advice of Shipment,.” enclosing a copy of a set of the documents.

(32) The Issuing Bank presents the draft to Importer.

(33) Upon the presentation of the draft, Importer pays the bill if it is drawn under D/P terms, or he accepts the bill if drawn under D/A terms.

(34) Against the payment or acceptance of the bill, Importer obtains the shipping documents from the issuing bank.

(35) Importer tender of the B/L, endorsed to the steamship company.

(36) Against the tender of the B/L, Importer obtains "Delivery Order(D/O)" from the company.

(37) Importer tenders an "Import Declaration (L/D)" together with a "Import License" if issued by MOCIE(Ministry of Commerce, Industry and Energy) and "Certificate of Origin" if required, to the Customs Authorities.

(38) An "Import Permit" is granted when the import duties would have been paid if the goods are dutiable.

(39) Against the tender of "Delivery Order(D/O)," Importer takes delivery of the goods from the master of the ship.

(40) Importer lodges claims against damages or losses, of any, with the insurance company accompanied by a "Survey Report," Insurance Policy and other documents required. The claims will be indemnified against these documents.

(41) Importer disposes of the imported goods to local clients.

(42) Importer pays the bill, if drawn under D/A, to the L/C Issuing Bank (or the Drawee Bank) on its maturity day.

(43) The L/C Issuing Bank remits the proceeds to the negotiating bank in the exporting country usually on T/T (Telegraphic Transfer) ; thus the account is fully settled and the whole procedure is completed.

3. 수출입절차 (Export and Import Procedure)

(1) 수출업자는 자신의 사업목적의 여행객, 상업회의소, 상업흥신소, 외환은행, 사업동료, 기타 등으로 통하여 거래처를 물색하며 거래처를 선정한 후 전도 유망한 수입업자에게 카탈로그, 가격목록, 견본, 기타 필요한 정보를 동봉한 권유장(Trade Circulars)을 발송한다.

(2) 수입업자는 다양한 정보를 자세히 조사한 후 수출업자와 거래관계를 개시하고자 하는 의사를 표현한다. 수출업자는 은행신용조회처(bank reference) 혹은 동업자조회처(trade reference)를 통하여 수입업자의 신용상태와 사업을 행하는 방식을 조회한다. 조회처로 부터 수출업자는 수입업자의 신용상태와 거래상태에 관한 만족스러운 보고를 수취한다.

(3) 수출업자는 수입업자에게 일반거래협정서 혹은 각서(Agreement [Memorandum] of General Terms and Conditions of Business)를 발송한다.

(4) 수입업자는 협정서 혹은 각서에 서명한 후 수출업자에게 한 통을 발송한다.

(5) 수출업자는 수입업자에게 확정청약(firm offer)을 발송한다.

(6) 수입업자는 수출업자가 발송한 확정청약에 대하여 반대청약 (counter offer)을 한다.

(7) 수출업자는 수입업자가 조회한 물품의 가격, 수량, 기타에 대하여 납품업자에게 조회한다.

(8) 납품업자로부터 회답을 수취한 후 수출업자는 견적(estimate)을 한다.

(9) 수출업자는 수입업자가 발송한 반대청약에 대하여 새로운 확정청약을 한다.

(10) 수입업자는 전신으로 청약을 승낙하고 수출업자에게 주문 (order)을 한다.

(11) 수입업자는 환어음을 발행하는 것을 쉽게 하도록 코레스은행 (Correspondent Bank) 을 통하여 수출업자를 수익자로 하여 신용장 (Letter of Credit : L/C)의 개설을 의뢰한다.

(12) 수입국에 있는 코레스은행은 수출국에 있는 통지 [매입] 은행에게 신용장 개설을 통지한다.

(13) 수입업자는 수출업자에게 개설된 신용장을 타전한다.

(14) 통지은행(매입은행)은 수출업자에게 신용장의 개설을 통지 한다.

(15) 수출업자는 신용거래나 내국신용장으로 국내납품업자로부터 주문된 물품을 구매한다.

(16) 수출업자는 수출을 위해 구매된 물품을 포장하고 화인을 표시하고 송장(invoice)을 작성한다.

(17) 수출업자는 선사(shipping company) 선복예약 신청을 한다.

(18) 수출업자의 신청에 대해 선적지시서(shipping Order)를 발행한다.

(19) 수출업자는 세관에 수출승인(Export License: E/L)을 첨부하여(요구되는 경우(19')) 수출신고서(Export Declaration: E/D)를 제출한다.

(20) 수출신고서의 승인후에 수출면장(Export Permit: E/P)이 교부된다.

(21) 수출업자는 선적지시서와 수출면장의 제시로 물품을 본선상에 선적한다.

(22) 화물의 선적완료 후에 본선수취증(Mate's Receipt)이 발행된다.

(23) 본선수취증의 제시에 대해 선사는 선화증권(Bills of Lading : B/L)을 발행한다.

(24) 수출업자는 보험회사(Insurance Company)에 보험청약서(Insurance Application Slip)를 제출함으로써 해상보험계약을 신청한다.

(25) 청약서에 대해 보험회사는 보험증권(Insurance Policy) 혹은 보험증명서(Insurance Certificate)를 발행한다.

(26) 수출업자는 상업송장(Commercial Invoice), 명세서(Specification), 중량 및 용적 증명서(Certificate and List of Weight and Measurement), 기타 서류를 준비하여야 한다.

(27) 수출업자는 요구되는 경우 인증된 영사송장(Consular Invoice)을 입수하여야 하고 원산지 증명서(Certificate of Origin), 검사증명서(Inspection Certificate), 위생증명서(Certificate of Health) 그리고 기타 필요서류 등을 획득한다.

(28) 수출업자는 신용장 개설은행 앞으로 신용장조건과 정확히 일치한 선화증권, 보험증권, 상업송장, 기타 필요서류가 수반되는 화환어음을 발행한다.

(29) 매입은행에 화환어음의 제시와 상환으로 수출업자는 대금 즉, 화환어음상의 정미가액(net value)을 매입은행으로부터 수취한다.

(30) 매입은행은 자신의 코레스 은행인 신용장개설은행에 화환어음을 송부한다.

(31) 수출업자는 전통의 서류사본을 동봉하여 선적통지(Advice of Shipment)를 발송한다.

(32) 개설은행은 수입업자에게 환어음을 제시한다.

(33) 환어음 제시시에 환어음이 지급도(Documents against Payment: D/P)조건으로 발행된 경우에는 수입업자는 환어음을 지급하고 인수도 조건으로 발행된 경우에는 환어음을 인수한다.

(34) 환어음의 지급이나 인수에 대하여 수입업자는 발행은행으로부터 선적서류(shipping documents)를 입수한다.

(35) 수입업자는 선사에게 선화증권을 배서 인도한다.

(36) 선화증권의 제시와 상환으로 수입업자는 인도지시서(Delivery Order)를 입수한다.

(37) 수입업자는 산업자원부에 의해 발행된 경우 수입승인(Import License)과 필요한 경우 원산지 증명서와 함께 수입신고(Import Declaration: I/D)를 세관에 제출한다.

(38) 물품이 관세부과대상인 경우에 수입관세가 지급될 때 수입면장(Import Permit)이 교부된다.

(39) 인도지시서의 제시로 수출업자의 본선의 선장으로부터 물품을 인수한다.

(40) 수입업자는 손상 및 멸실이 있는 경우 그러한 손상이나 멸실에 대하여 검정인보고서, 보험증권, 기타 필요한 서류를 첨부하여 보험회사에 보험금을 청구한다. 보험금은 이러한 서류에 대하여 지급된다.

(41) 수입업자는 국내고객에게 수입물품을 처분한다.

(42) 수입업자는 인수도로 환어음이 발행된 경우 만기일에 개설은행에 환어음을 지급한다.

(43) 개설은행은 대금을 전신환으로 수출국의 매입은행에 송금한다. 그러면 계정이 완전히 청산되며 전체의 절차가 완료된다.

AMP

제2장

비즈니스 영어 (Business English)

1. 인사말 (Greetings)
2. 맺음말 (Concluding Remarks)
3. 거래처 발견 (Finding Customer)
4. 자사소개 (Introduction)
5. 거래 (Transaction)
6. 카탈로그, 견본 (Catalog, Sample)
7. 요청 (Requesting)
8. 동봉 (Enclosing)
9. 상품 (Goods)
10. 문의 및 조회 (Inquiry)
11. 신용조회 (Credit Inquiry)
12. 대리점, 판매점 (Agent, Distributor)
13. 청약 (Offer)
14. 견적 (Quotation)
15. 가격할인 (Price discount)
16. 가격인상 (Price increasing)
17. 수요와 공급 (Demand & Supply)
18. 교섭 (Negotiation)
19. 판매 (Sale)
20. 주문 (Order)
21. 대금결제 (Payment)
22. 포장, 해상보험 (Packing, Marine Insurance)
23. 선적 (Shipment)
24. 환어음, 송금 (Documentary Bill of Exchange, Remittance)
25. 손해배상청구 (Claim)
26. 해외시장조사와 비즈니스 출장
(Overseas Market Research & Business Trip)

1. Greetings

1.1. We thank you for your letter of April 8.

1.2. We have received your letter of January 3.

1.3. We acknowledge your letter of March 3 enclosing a check for US $2,500.

1.4. Thank you for your letter of May 1, in which you expressed your willingness to enter into business relations with us.

1.5. In reply to your letter under the date of March 20, we are pleased to give you the following information.

1.6. In compliance with your request of March 10, we are pleased to say that the firm in question started business in New York in April 1950 as General Importer and Exporter.

1.7. We are pleased to reply to your letter of May 10 relating to the financial background of The Korea exporting Co., Inc.

1.8. Thank you very much for your letter of June 15 expressing your willingness to enter into business relations with us.

1.9. Thank you for your letter of July 25 and 2 copies of agreement enclosed.

1.10. Thank you very much for your letter of 3rd August of offering us your services as agents for the purchase of various Korean products.

1. 인사말

※ 다음을 영작하시오.

가. 1월 5일자 귀사의 서신을 받았습니다.

나. 주제에 관한 2월 12일자 서한에 감사드립니다.

다. 3월 10일자 귀사의 서한에서 당사 제품에 표시한 귀사의 관심에 대하여 감사드립니다.

라. 당사의 TMD-16에 대한 오퍼발행을 요구한 4월 22일자 귀사 서한을 접수하였습니다.

마. 거래조건의 명세와 함께 5월 25일자 귀사의 오퍼에 진심으로 감사드립니다.

바. TMD-16에 관하여 가격을 낮추어 달라는 6월 36일자 서신을 잘 받아 보았습니다.

사. 이 달 내로 선적을 요청하신 귀사의 7월 8일자 주문에 감사드립니다.

아. 당사는 8월 8일자 귀사의 문의에 감사드립니다.

자. 당사 주문 제123호의 귀사 승낙에 감사드립니다.

차. 귀사의 즉각적인 신용장개설 지시에 감사드립니다.

2. Concluding Remarks

2.1. We are looking forward to receiving a favorable reply from you.

2.2. If we can be of further service to you, please fell free to contact us.

2.3. We wish you continued success in your sales of our products.

2.4. Your prompt attention to this matter would be highly appreciated.

2.5. Your prompt reply is eagerly awaited.

2.6. We look forward to hearing from you soon.

2.7. We hope this will meet your immediate attention.

2.8. Any information you may give us on their financial status will be kept in strict confidence.

2.9. All information will be held in strict confidence and will be used solely for our reference.

2.10. Please note that this information is furnished without any responsibility on our part.

2. 맺음말

※ 다음을 영작하시오.

가. 당사는 곧 귀사의 호의적인 소식을 듣기를 기대합니다.

나. 당사는 이에 관하여 귀사의 최대한 빠른 회답을 바랍니다.

다. 귀사와 거래관계를 체결하기 위한 모든 노력을 다하겠으며 우호적인 회답을 고대합니다.

라. 귀사의 신속하고 만족할 만한 답신을 기다리겠습니다.

마. 귀사의 편의를 위하여 주소를 적고 우표를 붙인 반신용 봉투를 동봉합니다.

바. 기타 문의사항이나 도움이 필요하시면 언제든 연락바랍니다.

사. 귀사와 상호간에 즐거운 거래가 곧 이루어질 것을 희망합니다.

아. 귀사가 이런 좋은 기회를 놓치지 않으리라 믿습니다.

자. 이 물품이 귀사의 요구를 충족하고 있다고 믿기 때문에 조속한 응답을 고대합니다.

차. 당사는 귀사가 이 조건을 받아들인다면 주문을 할 수 있습니다.

3. Finding Customer

3.1. We are very much interested in your new Digital Watches advertised in the August 18 issue of International Trade Fair News.

3.2. Your name and address have been found in the trade directory issued by the Chamber of Commerce & Industry of your city.

3.3. We understand from the U.S.A. Embassy here that you are interested in importing Cellular Telephones.

3.4. We have seen your Digital Printer displayed at the Yesou International Trade Fair.

3.5. We are writing to you with a desire to open an account with you.

3.6. Your name has been given us by the Seoul Chamber of Commerce and Industry and we would like to inquire whether you are interested in these lines.

3.7. We are interested in your new digital camera and shall be pleased to have a catalog and price list.

3.8. We should like to do business with a reliable firm in your city.

3.9. Considering the rapid expansion of your market, we are looking for some reliable firms who wish to open an account with us.

3.10. Because of our close connections with the best sources of supply, we can supply you with high quality goods at competitive price.

3. 거래처 발견

※ 다음을 영작하시오.

가. 뉴욕의 상업회의소를 통하여 귀사가 휴대폰 제작 및 수출을 하고 있다는 것을 알게 되었습니다.

나. 이곳 영국 영사관의 호의로 귀사를 가전제품의 수입상으로 당사에 소개 받았습니다.

다. 파리 상공회의소의 10월 1일자 서신은 당사에 전달되었고, 현재 이분야로의 확장을 원하고 있기 때문에 이 소식을 듣게 되어 기쁩니다.

라. 당사는 라스베가스에서 개최된 제55회 국제전자제품 박람회를 참관하였습니다.

마. 일렉트로닉스 국제 잡지의 11호에 나와 있는 휴대폰에 관심을 가지고 읽었습니다.

바. 한국 무역진흥공사로부터 귀사가 싱가포르에서 믿음직한 수입업체를 찾는다는 것을 알았습니다.

사. 홍콩의 상업회의소를 통하여 귀사가 귀지에서 가장 선도적인 회사 중의 하나라는 사실을 알았습니다.

아. 한국 무역협회를 통해서 귀사가 다양한 전자제품의 수입에 관심을 가지고 있다는 것을 알게 되었습니다.

자. 귀사명과 주소는 대한 무역진흥공사를 통하여 알게 되었습니다.

차. 대한 무역진흥공사를 통하여 귀사가 파리에서 거대한 전자제품 수입업자라는 것을 들었습니다.

4. Introduction

4.1. We are wholesalers and exporters of Korean Canned Goods and have close connections with the major packers here.

4.2. We are one of the leading manufacturers and exporters of Construction Materials in Korea, having a business background of some 15 years.

4.3. We are a New York-based trading company exporting a variety of office Automation Equipment to many parts of the world.

4.4. We are old-established importers and exporters of all types of digital printer and have a nationwide and worldwide distribution network for this type of product.

4.5. We specialize in the distribution of Medical Instruments locally manufactured and also imported from various sources of supply.

4.6. We have been established here as exporters of general merchandise under the title of GSC & Co. for 35 years.

4.7. Let us act as your buying agent, as we have close connections with leading manufacturers in this region.

4.8. We trust that our goods will have a quick sale in your market since they are lower in price than those of other companies.

4.9. It will be next to impossible to open a market here for the goods as many firms are dumping their goods to get over competition.

4.10. Our goods finding a ready sale everywhere and we are confident that you will be able to do a good business if you stock them.

4. 자사 소개

※ 다음을 영작하시오.

가. 당사는 잡화품의 대규모 수출입업자입니다.

나. 당사는 기계부품들을 동아시아 나라들에 수출하고 있습니다.

다. 당사는 프린터의 판매에 약 10년의 경험이 있습니다.

라. 당사는 귀사의 제품에 많은 관심이 있습니다.

마. 가능하면 신속히 도해 카탈로그를 보내주시겠습니까?

바. 귀사의 제품에 대하여 더 많은 정보를 받고자 합니다.

사. 동봉한 카탈로그에 있는 당사의 소개에서 언급된 바와 같이 당사는 기반이 튼튼한 면직물수출상으로서 귀 시장에 면직물을 상당히 수출해 왔습니다.

아. 당사의 취급품목은 여러 종류이며 판매업자와 밀접한 관계가 있습니다.

자. 시장은 대단히 활기차기 때문에 귀사 제품에 상당량의 수요가 예상됩니다.

차. 당사는 이곳에서 신뢰할 수 있는 도매업자와 밀접한 관계를 가지고 있기 때문에 귀사와는 상당한 수입거래를 할 수 있습니다.

5. Transaction

5.1. We do business in Electronics with U.S.A.

5.2. We are impressed with the high quality of your products and wish to deal with you in this line.

5.3. So far we have been unable to find good connections in your country and are looking for a reliable company with whom we can do business in the following Chemicals.

5.4. Your firm has been recommended to us by Mr. Kim, Director of GSC Corp. of Yeosu, and we are writing to you with a keen desire to enter into business relations with you.

5.5. we look forward to entering into a mutually satisfactory and profitable business on the Empire Equipment in Korea through your efforts.

5.6. In introducing ourselves to you, we are pleased to say that for the past ten years we have been engaged in exporting a great variety of hand woven materials all over the world enjoying a good reputation.

5.7. Our goods range from rare pieces of handiwork prized for their artistic value to materials for practical use attractive for their refined simplicity and reasonable prices.

5.8. We thank you for your courtesy in making the proposal and hope we may soon be able to work with you to our mutual benefit.

5.9. We are sending you separately a copy of our complete catalog in which we trust you will find some that would suit your trade.

5.10. Please send us some samples to try out.

5. 거래

※ 다음을 영작하시오.

가. 당사는 Canon 주식회사와 디지털 카메라의 거래를 하고 있습니다.

나. 동사는 10년 동안 소형승용차를 지속적으로 거래하고 있습니다.

다. 당사는 광학기계 제조업자이지만 귀사가 신뢰할 수 있는 회사로서 거래를 하고 싶습니다.

라. 당사는 여수의 갓김치 수출업자입니다.

마. 이번은 시험적 주문입니다.

바. 카탈로그 12페이지의 제품의 샘플을 보내주시겠습니까?

사. 만약 제품이 당사가 요구한 내용과 같다면 정기적으로 주문할 것입니다.

아. 추가적으로 다량의 주문을 하겠습니다.

자. 당사 제품의 범위는 실용적인 저렴한 제품으로부터 예술적인 고가의 제품에 이릅니다.

차. 귀사의 정보와 참고를 위하여 당사는 가격표를 첨부합니다.

6. Catalog, Sample

6.1. As requested, we are sending you two copies of the catalog of our products separately.

6.2. For your reference, some samples have been sent to you today by airmail.

6.3. We are sending you three copies each of the catalogs on CWG-16 and TMG-16, which we believe will meet with your approval.

6.4. We would be glad to furnish you with detailed specifications upon request from you.

6.5. We are planning to increase our range of Lighting Fixtures and would like you to send us complete information on the various types you are at present producing.

6.6. We are interested in your new digital printer and shall be pleased to have a catalog and price list.

6.7. We are sending you under separate cover three sets of our Transistor Radio as samples costing you nothing.

6.8. We are enclosing our catalog which will give you the information you need.

6.9. We are enclosing our latest catalog.

6.10. We are enclosing our catalog covering all our products.

6. 카탈로그, 견본

※ 다음을 영작하시오.

가. 당사의 제품 카탈로그 10부를 별편으로 송부하였습니다.

나. 귀사의 골프용품에 흥미가 있으니 카탈로그를 송부해 주십시오.

다. 귀사가 요구하신 판매촉진 자료는 금일 중에 보내겠습니다.

라. 귀사의 세라믹 콘덴서의 견본과 상품목록을 당사에 보내주십시오

마. 사실 카탈로그의 몇 가지 제품들은 현재 빠르게 주문량이 늘어나고 있습니다.

바. 귀사에 정보 제공을 위하여 당사는 완벽한 기술자료 및 명세서를 동봉합니다.

사. 귀사에 참고자료 제공을 위하여 당사는 도해 카탈로그 및 가격표를 동봉합니다.

아. 당사는 새로운 제품의 구체적인 사양을 담은 안내책자 3부를 동봉합니다.

자. 만약 견본제품에 대한 관심을 표명해 주시면 가능한 한 신속히 본 제품을 보내겠습니다.

차. 당사는 귀사에게 현지시장에서 가장 인기 있는 TMD-16 모델의 견본 10개를 DHL 택배로 보내겠습니다.

7. Requesting

7.1. We appreciate your prompt arrangements for remitting us US $ 7,500.

7.2. We will be grateful if you will let us know whether you are interested in this new product.

7.3. We will appreciate it very much if you will send us technical information for the Pumps at your earliest opportunity.

7.4. We would appreciate your providing us a sample of Pattern A as soon as possible since one of our customers shows a keen interest in it.

7.5. Your prompt attention to the above would be highly appreciated.

7.6. We shall be glad to know your best prices of the following goods.

7.7. Such being the case, you will appreciate that we must buy these items at competitive prices.

7.8. Also, would you please provide us with all up to date information relating to their financial status and reputation?

7.9. We shall be glad if you quickly quote us your reasonable price for the following item on the terms and conditions specified below.

7.10. We shall, therefore, be much obliged if you will get information for us on their financial status and reputation.

7. 요청

※ 다음을 영작하시오.

가. 귀사의 디지털 프린터 신제품 가격을 알려주시면 감사하겠습니다.

나. 본 거래 건에 대한 귀사의 친절한 협력을 받을 수 있다면 감사하겠습니다.

다. 디지털 카메라의 팜플렛을 가격표와 함께 가능하면 빨리 보내주시면 감사하겠습니다.

라. 귀사의 최근 상품목록과 함께 최저 견적을 보내주시면 기쁘겠습니다.

마. FOB 광양항 기준으로 최상의 견적을 받으면 좋겠습니다.

바. 이 회사의 신용상태에 대하여 귀행의 기탄없는 영업경험과 의견을 통지해 주시면 감사하겠습니다.

사. 부디 당사의 난처한 상황을 이해해 주시기 바랍니다.

아. 모르고 지나치셨던 것이면 즉각적으로 전액을 지불하여 주시기 바랍니다.

자. 이 서한을 귀사가 송금한 후에 받는다면 이를 무시하시고 당사의 성급함을 용서해 주시기 바랍니다.

차. 당사는 귀사의 연구개발 부서에서 당사의 제품을 시험할 것이라고 하니 반갑습니다.

8. Enclosing

8.1. We enclose a illustrated catalog that describes a wide range of our products and our company introduction.

8.2. Enclosed is a catalog showing the outstanding performance of our Digital Printer together with its export price list.

8.3. We have enclosed a debit note covering our commission on the transactions carried our from April 1 through June1, 2016.

8.4. The enclosed drawings will give you the necessary information for the installation of the Air Conditioning System.

8.5. We are mailing you our catalog under separate cover.

8.6. We are enclosing our catalog and price list.

8.7. We are sending you separately a copy of our complete catalog in which we trust you will find some that would suit your trade.

8.8. The enclosed note shows the charges which we have paid on your behalf, for which we ask you to settle soon.

8.9. We enclose a note showing the charges which we have paid for the necessary inquiries.

8.10. We hope both samples and the offer sheet enclosed will prove to your satisfaction in every point.

8. 동봉

※ 다음을 영작하시오.

가. 카페트(Carpets)의 새로운 카탈로그를 2부 동봉합니다.

나. 미화 6,500 달러 수표를 동봉한 귀사의 9월 13일자 서신에 감사드립니다.

다. 동봉한 견본대로 500개를 제조해 주십시오.

라. 당사는 귀사에게 필요한 정보를 알려줄 카탈로그를 동봉합니다.

마. 당사의 모든 신제품이 나타나 있는 카탈로그를 동봉합니다.

바. 당사의 최신제품과 가격표를 함께 동봉합니다.

사. 대체품들이 열거된 도해 카탈로그와 가격표를 첨부합니다.

아. 귀행의 편의를 위해 반신용 봉투를 동봉합니다.

자. 최신 카탈로그를 동봉하며, 궁금한 사항이나 좀 더 정보를 원하시면, 이메일이나 전화해 주십시오.

차. 귀사의 확인과 정보차원에서 사본을 첨부하였습니다.

9. Goods

9.1. We are sorry to know that the goods are not of the quality you expected.

9.2. We deal in a complete line of computer and are sure that you will find each item of high quality.

9.3. We believe you will be able to develop some sales outlets for this line in the near future.

9.4. We are considering discontinuing the following goods because their designs are now out of fashion.

9.5. The followings are the articles we export to the Korea and China.

9.6. We are pleased to inform you that a full range of our goods has been air freighted to your company today.

9.7. We trust that our goods will have a quick sale in your market since they are lower in price than those of other companies.

9.8. It will be next to impossible to open a market here for the goods as many firms are dumping their goods to get over competition.

9.9. It is one of the most dependable commodities ever put on the market.

9.10. Our goods finding a ready sale everywhere and we are confident that you will be able to do a good business if you stock them.

9. 상품

※ 다음을 영작하시오.

가. 이 종류의 제품 수입에 관심이 있으시면 알려주십시오.

나. 이 상품의 견본을 오늘 별편으로 보내드렸다는 것을 알려드립니다.

다. 카탈로그에 기재된 모든 품목은 최고의 품질입니다.

라. 당사의 제품의 저렴한 가격과 우수한 품질로 당사가 확신컨대 동제품에서 대규모거래를 귀사가 할 수 있을 것이다.

마. 가격이 지금 상승경향이 있기 때문에 당사는 귀사가 바로 제품의 재고를 충분히 확보할 것을 충고합니다.

바. 시황이 확고한 국내시황에 동조하여 점차적인 상승경향이 있다는 징후가 분명합니다.

사. 본 가격 목록은 통지 없이 시황변동에 따라 변동될 수 있습니다.

아. 이러한 요인은 이미 악화된 현 시장 상황에 약간의 영향을 미칠 수밖에 없습니다.

자. 귀사가 당사의 특별제품 구매에 관심이 있는지를 당사에 알려주십시오.

차. 당사가 귀사의 주문 수취 후 한 달 이내에 이러한 물품을 선적할 수 있다는 것에 안심해도 좋습니다.

10. Inquiry

10.1. Thank you very much for your inquiry of April 2 for our vacuum cleaner.

10.2. Many inquiries are coming in to us for this camcorder because it is very handy and moderately priced.

10.3. If you are interested in any of our products shown in the catalog, we would be glad to have your specific inquiry.

10.4. We regret to say that the item you inquired for in your fax of July 7 has been sold out due to a brisk demand.

10.5. The trading company you inquired about has been dealing with us for more than ten years, and is one of the best customers in this city.

10.6. The company you inquired about was established in 1970 as a importer and distributor of chemical goods.

10.7. In reply to your letter under the date of March 20, we are pleased to give you the following information.

10.8. As the firm in question has recently suffered heavy losses, it would be advisable for you to take every precaution in dealing with them.

10.9. Although it depends on reduction in the price, we would place regular orders.

10.10. In line with this, we look forward to receiving your quotation as soon as possible.

10. 문의 및 조회

※ 다음을 영작하시오.

가. 당사의 디지털 카메라에 대한 5월 1일자 귀사의 문의에 감사드립니다.

나. 귀사가 조회한 제품은 요구가격에는 입수가 곤란합니다.

다. 반도체에 대한 문의에 대하여 귀하에게 어제 밤에 전화로 드린 말씀을 하기와 같이 확인합니다.

라. 귀사가 한국에서 당사와 합작회사를 설립하거나 당사를 귀사의 총판매대리점으로 지명해 주는데 관심이 있는지를 문의 드립니다.

마. 귀사가 당사를 한국 내 업무 파트너로 지명한다면 상당한 매상고를 보장할 수 있습니다.

바. 당사는 거래당사자로부터 주문자 생산방식(OEM)으로 여름용 셔츠를 수입할 수 있는지를 문의하는 조회를 받았습니다.

사. 귀사의 디지털 카메라 DC-16 모델 100개를 CIF Gwangyang 조건으로 문의 드립니다.

아. 귀사의 TMI-16 제품을 FOB Inchon으로 경쟁력 있는 가격을 견적 내 주시기 바랍니다.

자. 당사는 이러한 규모의 주문을 위해서 귀사의 명세 가격표에서 수량 할인을 기대합니다.

차. 동 상품을 11월 15일까지 입수해야 하므로 적기 선적이 긴요합니다.

11. Credit Inquiry

11.1. As to our financial status, please refer to the Bank of Korea Exchange Bank, Seoul.

11.2. Please let us know frankly and without responsibility on your part whether you consider it safe to trust them with a business up to, say $7,000,000.

11.3. You may refer to the Woori Bank, Ltd., Head Office, Seoul, for our credit status.

11.4. We may refer you to the NH Bank, Ltd. for any information on our financial standing and reputation.

11.5. You may refer to our bank, the KB Bank, Ltd., Yeosu Branch, for further information on our financial standing

11.6. In the meantime, we would ask you to let us have the name and address of your bank and trade reference to whom we can refer for credit information and reputation.

11.7. On May 7 you inquired of us about the financial and business standing of this firm.

11.8. The company you referred to in your letter of June 20 is a reliable importer of perfumes and furs, and is punctual in payment.

11.9. We are of the opinion that you should take every precaution in dealing with them as their business is affected by the current recession.

11.10. Please note that the above information is given to you without any responsibility on our part, and should be treated as strictly confidential.

11. 신용조회

※ 다음을 영작하시오.

가. 귀사의 은행 신용조회처를 알려주시면 감사하겠습니다.

나. 당사의 재정 상태에 대해서는 어떠한 정보라도 당사의 거래은행 중의 하나인 우리은행에 조회해 주십시오.

다. 귀사로부터 받은 어떠한 정보도 극비로 취급할 것이므로 안심하십시오.

라. 귀사가 동사의 재정상태에 대하여 당사에 제공하는 모든 정보는 극비로 취급될 것입니다.

마. 이 정보를 귀사가 극비로 간주할 것을 요청한다.

바. 귀사가 제공하는 어떠한 정보도 감사할 것이며 극비로 취급될 것입니다.

사. 유사한 기회에 귀사의 호의에 기꺼이 보답하겠습니다.

아. 모든 정보는 극비로 취급될 것이며 당사의 참고용으로만 사용될 것입니다.

자. 이 정보는 당사 측에 어떤 책임도 없이 제공된다는 것을 유의하십시오.

차. 당사는 귀사가 9월 8일자의 서한에서 언급한 회사와 관련하여 만족스러운 정보를 제공할 수 없다는 것을 알리게 되어 유감스럽습니다.

12. Agent, Distributor

12.1. We are indebted to the Yeosu Chamber of Commerce & Industry for your name and address and wonder if you are already represented in Korea.

12.2. We act as sole agents for a number of overseas manufacturers and would like to offer our services for marketing your products in our territory.

12.3. We would greatly appreciate it if you would appoint us your exclusive distributor for Canada.

12.4. We have no objection to entering into an exclusive distributorship agreement, provided you can furnish us with a reasonable volume of business for your market.

12.5. Unless otherwise specified in faxes or letters, all prices submitted by Seller shall be quoted on CIF New York basis in dollar.

12.6. Seller shall not be responsible for any delay in shipment due to force majeure.

12.7. Agent is to receive an agent commission of ten (10) percent on all sales of the above-mentioned products in the territory.

12.8. We have been actively searching for overseas suppliers such as your company to expand our scope of business for the fast few years.

12.9. We are one of the largest distributors of domestic electronic parts with a unique sales network throughout the China.

12.10. We would like to offer you our services as an importer of your products.

12. 대리점, 판매점

※ 다음을 영작하시오.

가. 이 대리점 협약서는 2016년 5월 15일부터 유효합니다.

나. 당사는 스포츠 용품의 판매에는 풍부한 경험이 있기 때문에, 한국의 총판매점으로 임명해주실 것을 제안합니다.

다. 독점판매권을 당사에게 주신다면, 당 시장에서 귀사의 제품을 상당 수량 판매할 수 있다고 확신합니다.

라. 당사가 서명한 판매점 협약서를 2통 동봉합니다. 그것에 서명한 1통을 반송해 주십시오.

마. 매도인은 매수인에게 견본을 무료로 제공하는 것으로 합니다.

바. 동봉한 회사 안내서에서 보시는 바와 같이 당사는 전자부품의 주요 주입업자 중의 하나입니다.

아. 귀사의 제품은 이곳에서 수요가 늘어나고 있기 때문에 금방 30% 이상의 시장 점유율을 차지할 것입니다.

자. 당사는 지난 10년 동안 전자제품을 취급하고 있으며, 한국에 넓은 판매망을 가지고 있는 믿을만한 수입업자입니다.

차. 당사를 한국의 총대리점으로 지명해 주신다면 귀사제품을 광범위한 고객에게 공급할 수 있을 것입니다.

13. Offer

13.1. This offer is valid until July 20, 2016.

13.2. We offer you firm, subject to your reply reaching us by August 15, 2016, 500 units of Word Processor at US $ 130.00 per unit, CIF Inchon, for November shipment.

13.3. Unfortunately, we are not yet in a position to make you a firm offer for a new crop of Coffee Beans.

13.4. We offer you, subject to our final confirmation, 50 Digital Printers at US $ 3,500 per unit, CIF New York.

13.5. We are pleased to offer you firm the following goods on condition that your acceptance arrives here on or before May 15, 2016.

13.6. You are invited to take advantage of this special offer because there are indications that the price will be raised soon.

13.7. We would appreciate it if you could accept this counter offer considering the large quantity required for this project.

13.8. Improved production methods allow us to offer you our video tape recorders at price considerably below those of last year

13.9. We are pleased to offer you firm the following goods subject to your reply reaching us by May 30, 2016.

13.10. We are pleased to accept your offer of September 30, 2016.

13. 청약

※ 다음을 영작하시오.

가. 하기 상품을 9월 17일까지 확인 오퍼 해주십시오.

나. 이것은 당사가 할 수 있는 최선의 오퍼로, 12월 15일까지 유효하다는 것을 알아주십시오.

다. 귀사의 답신이 1월 3일까지 당사에 도착하는 조건으로 샤프펜슬 1타스 당 미화 95달러, CIF Gwangyang, 3월 선적으로 확정오퍼 합니다.

라. 3월 16일자 귀사의 반대 오퍼를 수락하고, 디지털 TV에 대한 당사의 매입서 제120호를 동봉합니다.

마. 당사는 9월 선적조건으로 오렌지 300상자에 대한 귀사의 확정오퍼를 승낙합니다.

바. 이 거래가 귀사와 첫 번째 거래이고 귀사로부터 장래 많은 주문의 전조로 만들고 싶기 때문에 특별히 귀사의 지정가격에 청약을 승낙하기로 결정하였습니다.

사. 당사의 최종확인을 조건으로 개당 20달러로 실크티슈 500개에 대하여 청약을 하게 되어 기쁩니다.

아. 7월 16일자의 귀사의 서한에 대한 응답으로 당사는 다음과 같이 반대청약을 합니다.

자. 이러한 제품은 수요가 많기 때문에 당사는 이러한 청약을 유효하게 유지할 수 없습니다.

차. 이것이 현재 당사가 할 수 있는 최선의 청약이며 당사의 높은 품질은 낮은 가격에서 유지가 될 수 없습니다.

14. Quotation

14.1. Please quote us a price for Digital Printer, Model DP-16.

14.2. We are pleased to quote you for Digital Camera, Model DC-16, at US $ 1,500 per unit, FCA Inchon Airport.

14.3. Please let us have immediately a quotation on CIF Kobe basis for the following goods since our customer is in urgent need of them.

14.4. Will you please quote us the best prices preferably CIF New York for the items listed on the enclosed list of requirements.

14.5. Whenever you make an offer to us, please quote us your prices on both FOB Inchon and CIF Kobe.

14.6. We wish you to quote on the above items the lowest possible FOB Gwangyang prices in U.S. dollars together with the possible time of shipment.

14.7. Please note that the above prices are all subject to change with or without notice.

14.8. We shall be glad if you quickly quote us your reasonable price for the following item on the terms and conditions specified below.

14.9. Though we have estimated our very best price CPT Gwangyang as you preferred, we are ready to consider any comment you might provide us with.

14.10. So would you come down to a level workable to us, say, @ $ 250?

14. 견적

※ 다음을 영작하시오.

가. 이탈리아 가죽제품에 대해서 CIF Gwangyang으로 최저가로 견적을 내 주십시오.

나. 당사 카탈로그에 기재된 가격은 원화로 FOB Gwangyang 조건으로 견적되어 있습니다.

다. 귀사의 문의에 대하여, 디지털 프린터기 100대의 당사 견적서 2부를 동봉합니다.

라. 상기 제품에 대하여 미국 달러로 FCA Inchon 조건의 경쟁력 있는 견적을 내 주시면 감사하겠습니다.

마. 귀사가 선호하는 CIP New York 조건의 최상의 가격을 견적 내어 드렸지만, 당사는 다른 어떠한 요구라도 고려할 준비가 되어 있습니다.

바. 개당 50달러로 할인하여 견적을 부탁드립니다.

사. 상기 모든 가격들은 사전 통지 없이 변경 될 수 있다는 점을 알아 주십시오.

아. 카탈로그 모델 TMI-16에 대하여 CPT Busan으로 견적을 부탁드립니다.

자. 귀사의 디지털 프린터 모델 DP-16에 대하여 CIF Inchon으로 견적을 알려 주시면 감사하겠습니다.

차. 아래에 기재된 일반거래조건 협정서의 상품에 대하여 최상의 가격을 신속히 견적해 주시면 대단히 감사하겠습니다.

15. Price discount

15.1. The goods are for more expensive than local produce.

15.2. We suggest that you reduce the price by 3% to sell your brand.

15.3. Are you able to allow us a special discount of 3% for 20 dozen the products?

15.4. We have made every effort to find an item as low-priced as possible and are convinced that this is the most inexpensive product now available on the market.

15.5. We have in this case quoted the rock-bottom price and believe no other manufactures can offer this material at such a low price ; this offer is not subject to our usual discounts.

15.6. We contacted the supplier again, but they say that they could not come down to the figures you requested.

15.7. Nevertheless, its energy efficiency is a bit below the other famous products of other companies and the price is not resonable.

15.8. We will comply with your request for a generous discount of 10 percent, provided you can guarantee a monthly order of 20 tons of more.

15.9. We make it a practice to grant a quantity discount of 4 percent for the quantity not less than 200 cartons.

15.10. Therefore we like to request to reduce the price down to 90% of the stated price.

15. 가격할인

※ 다음을 영작하시오.

가. 동봉한 가격표를 보시면 당사의 가격이 대단히 저렴하다는 것을 알게 될 것입니다.

나. 가격을 한 세트 당 5백 달러로 인하하는 것은 불가능합니다.

다. 이곳의 유명한 타 제품들에 비해 에너지 효율 면에서 떨어지고 가격 또한 비싼 편입니다.

라. 미화 10만 달러 이상의 주문에는 가격표보다 5% 할인을 해 드립니다.

마. 디지털 프린터 10대 이상의 주문은 카탈로그에 기재된 가격보다 5%의 수량할인을 해 드립니다.

바. 그 상품은 지역에서 생산 된 것보다 비쌉니다.

사. 50타스의 제품에 대해 10%의 특별 할인을 승인해 주시겠습니까?

아. 당사는 가장 유효하게 시장을 확보하기 위하여 견적보다 5% 가격인하를 해 주실 것을 제안합니다.

자. 2016년 5월 선적품부터 견적보다 5% 가격인하를 해 주시길 제안합니다.

차. 최소한 6개월간은 가격인상을 연기해 주실 것을 부탁드립니다.

16. Price increasing

16.1. We need to make a price increase of CWI-16 produced by China due to the material price increase.

16.2. Your prices are around 5 percent higher than those of your competitors.

16.3. Our factory have been making every effort to absorb the cost increase to meet the market prices of the products and leave the price at current level.

16.4. We have been forced to revise all the prices of our products on June 1 because of the recent rise in the costs of raw materials and labor.

16.5. After a very careful consideration on the situation, we are to raise CIF Inchon prices in US dollar by 3% effective August 1, 2016.

16.6. Your products are more expensive than those being imported from Japan.

16.7. We will have to increase the export price of this machine by 7 percent because of the rising costs of imported parts.

16.8. As you may know, chemical prices have risen steeply since our last quotation of October 1, and we must now adjust some of our prices as shown on the attached quotation.

16.9. We are requesting you to accept a half-and half burden of the increase.

16.10. We are determined to strengthen the future cooperation with you for further expansion of the TMI-16.

16. 가격인상

※ 다음을 영작하시오.

가. 당사의 가격은 타사에 비해 훨씬 저렴합니다.

나. 원료가격이 상승하였기 때문에 당사 제품의 가격을 하기와 같이 변경해야만 합니다.

다. 당사의 제품가격은 별지 가격표처럼 7월 1일부터 약 3% 인상합니다.

라. 심사숙고 끝에 2016년 10월 1일부터 미국달러화로 된 FOB Busan 가격을 10% 올리기로 하였습니다.

마. 가격의 인상에도 불구하고 귀사 제품의 판매확대를 위해 귀사와 더욱 협력을 강화해 나갈 것입니다.

바. 판매대리점들이 제조회사의 가격상승 충격을 분담해 준다면 좋겠습니다.

사. 당사는 자재 가격의 상승 때문에 가격인상을 요청 드려야만 합니다.

아. 당사 제품의 가격은 그곳 현지의 타제품에 비해 좋은 성능에도 불구하고 저렴합니다.

자. 원료 상승분에 대한 반반씩의 부담을 수용하시기 바랍니다.

차. 수입부품의 가격상승 때문에 당사 제품의 수출 가격을 5% 인상하게 됨을 알려드리게 되어 유감입니다.

17. Demand & Supply

17.1. Please inform us whether the following articles are available for immediate shipment from stock.

17.2. The response to the price reductions has exceeded our expectations, and our stocks are rapidly running short.

17.3. We hope you have these parts in stock so that they may be sent to us by ship no later than October shipment.

17.4. We have a good stock of all the products you require and can deliver them within one month of receipt of an order.

17.5. We wish to inform you of our special offer made to clear the dead stock of the following goods.

17.6. There is a great demand for these articles in this country.

17.8. We would advise you to lay in sufficient stocks to meet a growing demand for our products in your country.

17.9. We believe there is a promising market there for inexpensive cameras in practical design.

17.10. Supplies are limited, so it would be advisable to take immediate action on your purchase schedule.

17. 수요와 공급

※ 다음을 영작하시오.

가. 이들 제품은 재고가 있기 때문에 바로 출고가 가능합니다.

나. 300 상자(cartons)를 재고에서 공급할 수 있는지 알려주십시오.

다. 조회하신 물품의 재고는 감소하고 있기 때문에 가능하면 빨리 이번 오퍼를 수락하실 것을 권합니다.

라. 이 무늬의 재고가 없는 경우에는 귀사가 재고로 가지고 있는 가장 유사한 옷감의 견본을 보내 주십시오.

마. 우리나라에는 이 상품에 대한 상당한 수요가 있다고 믿고 있습니다.

바. 당사는 디지털 TV 기계를 동업자에 뒤지지 않는 가격으로 귀사에게 공급할 수 있습니다.

사. 이 모델을 귀사에게 공급할 수 있기 까지는 약 2달이 걸립니다.

아. 이곳에서는 귀사의 제품에 대한 수요가 많다고 확신하기 때문에, 한국에서 귀사의 독점판매점이 되고자 합니다.

자. 이곳 시장에서는 실용적인 디자인의 전자제품의 수요가 상당히 있습니다.

차. 원재료 가격의 상승으로 제품의 가격상승이 예상되니 주문을 서두르시길 권합니다.

18. Negotiation

18.1. We do hope that you will be successful in your negotiations with prospective customers for sales of our products.

18.2. We have no objection to accepting your business proposal so long as your goods turn out to be suitable for the Japanese market.

18.3. GSC Co. Ltd., has confirmed to us that they will not supply this material through any other channel.

18.4. We would be glad to accept your order if you agree to a revised price of US $ 2,000 each on CIF Inchon.

18.5. One of our regular customers is ready to buy 2,000 meters for November shipment if you can reduce the price to $ 200 per meter, CIF New York.

18.6. We are prepared to hold the price at $ 10 per square meter, if you can give us a container load order within the next two weeks.

18.7. Because of the tight budget, we have to substitute viny 1 flooring for ceramic tiles.

18.8. The substitute is slightly higher in price, but much better in quality than the item you specified.

18.9. On November 12, we faxed you that the goods are urgently required so as to be well in time for our sales promotion campaign starting on December 15.

18.10. Since the prices quoted in our previous letter allow us only a small margin of profit, we would appreciate it if you would understand our situation and do your best to close this business on them.

18. 교섭

※ 다음을 영작하시오.

가. 당사의 제품에 관심이 있으시면 우선 50개를 시험적으로 수입해 보시기 바랍니다.

나. 귀사가 원하는 모델은 현재 재고가 없기 때문에 하기의 제품을 대체품으로 추천합니다.

다. 디지털 프린터를 CIF Busan 가격조건으로 1대당 5백 만원에 오퍼하지 않으면 주문을 확보하는 것이 곤란합니다.

라. Callaway 10은 재고중지가 되어 현재는 Callaway 20으로 대체되었습니다.

마. 실제 재료는 인쇄된 견본색과 조금 다를 수가 있습니다.

바. 당사는 9월 선적을 확인할 뿐만이 아니고 나아가 5%의 할인 요구도 승낙합니다.

사. 당사는 상당한 수량을 판매할 자신이 있습니다만 우리나라는 경쟁품과의 가격경쟁력이 중요하기 때문에 가능한 한 최저가를 견적해 주십시오.

아. 귀사로부터 서신에 기재된 모든 조건에 동의합니다.

자. 확인을 위해 구매 계약서 제123호를 정부 2통을 동봉합니다.

차. 서명하시고 그 중 한통을 반송해 주세요.

19. Sale

19.1. We are delighted to inform you of our newly developed product which we have highly successful sales result in the market.

19.2. We are sure that you will be interested in knowing more about our new product.

19.3. Our floor materials enjoy a good reputation among our customers both at home and abroad.

19.4. Our product, which has passed the serve Government test, is of a multipurpose type, very economical and has gained tremendous popularity among the domestic retail stores.

19.5. A trial order will convince you of the superiority of our products over those being imported from European sources.

19.6. We will be happy to provide it to help you fully evaluate our product for its excellent capacity.

19.7. It may interest you to know that this air cleaner features a low price and easy operation.

19.8. You will be pleased to learn that we have recently put a fine selection of retrospective architectural hardware on the market to keep abreast of consumers' needs.

19.9. You will agree that our machine tool incorporating the highest techniques represents the best value compared with competitive ones.

19.10. As part of the specifications have been modified as requested, we wish you to persuade the general contractor to approve this elevator.

19. 판매

※ 다음을 영작하시오.

가. 귀사의 제품은 뛰어난 특징 때문에 한국에서 잘 판매될 것으로 확신합니다.

나. 보내드린 견본가운데, T101 제품이 귀사의 판매에 가장 적합하다고 생각합니다.

다. 컴퓨터 전시회에서 매우 인기를 누린 신형 컴퓨터에 주목해 주십시오.

라. 당사의 스포츠 용품은 시장에서 현재 판매되고 잇는 어떠한 것과도 경쟁할 수 있다고 확신합니다.

마. 이 제품은 작년 발매 이래 국내 및 해외에서 매우 좋은 평판을 얻었습니다.

바. 당사의 제품에 관심을 보여주셔서 감사합니다. 귀사로부터 조만간 주문을 받을 수 있기를 기대하고 있습니다.

사. 동봉한 카탈로그와 견적서로부터 당사의 디지털 프린터는 성능이 우수하여 매우 경제적이라는 것을 알게 될 것입니다.

아. 귀 시장에서 이런 새로운 유형의 디지털 프린터가 잘 팔릴 것으로 확신합니다.

자. 이들 기능성 등산복은 한국 내 청년층에 매우 인기가 있을 것입니다.

차. 당사는 귀사가 카탈로그에 나타나 있는 신제품의 형태에 주의를 기울여 주시기를 희망 합니다.

20. Order

20.1. Based upon your quotation of May 7, 2016, we would like to place an order as follows.

20.2. Thank you for the 20% trade discount and 10% quantity discount you allowed us.

20.3. The terms of payment are as our order form.

20.4. Any orders you may send us will receive our prompt and careful attention.

20.5. You may be assured that your order will be shipped by April 20 as per your shipping instructions.

20.6. Please sign and return one copy of the order form.

20.7. We would appreciate it very much if you would treat this order as urgent and arrange for shipment by August 5.

20.8. Please send us the items detailed as follows.

20.9. We have decided to accept the terms of payment you offered.

20.10. We are returning to you the confirmation of the order duly signed by us.

20. 주문

※ 다음을 영작하시오.

가. 디지털 TV500대에 대한 8월 30일자 주문서 제123호에 감사드립니다.

나. 당사는 11월 5일 디지털 카메라 100대를 주문하였습니다.

다. 고객과 교섭 중에 있습니다만 가까운 시일 내에 주문을 확보할 수 있다고 생각합니다.

라. 이 제품은 재고가 조금 밖에 없기 때문에 조속히 추가주문을 하실 것을 권해 드립니다.

마. 귀사가 3%를 할인해 주신다면, GW-16을 100대 주문할 생각입니다.

바. 귀사가 보내주신 견본과 견적서에 의거하여 별지 주문서 제150호와 같이 주문합니다.

사. 이 제품의 절반 이상을 이미 만들었기 때문에 이 시점에서 주문취소는 불가능 합니다.

아. 당사는 만약 귀사가 모델 GWD-16을 5% 할인해 주신다면 즉시 주문하겠습니다.

자. 첨부한 주문서 제123호에 나온 대로 200개의 스카프를 주문합니다.

차. 디지털 카메라 50대를 시험 주문합니다.

21. Payment

21.1. We have opened a letter of credit for US $ 75,000 in your favor with The Woori Bank, Ltd.

21.2. We now ask you to open the L/C for your Order No. 123 without delay.

21.3. We usually do business on an L/C basis, but if you insist we may accept D/P terms.

21.4. It is our usual practice to do business on an irrevocable letter of credit available against a sight draft.

21.5. It is essential that an L/C be opened immediately by telex so as to reach us in time for shipment by April 15.

21.6. To cover this order, we have opened an irrevocable letter of credit, valid until may 31 for $2,500 in your favor with the NH Bank.

21.7. Under these circumstances, we have to ask you to extend the shipping and expiry dates of the covering L/C until August 1 and 14 respectively.

21.8. Upon checking your L/C and the contract, we have found the following discrepancies on the description and unit price specified in the L/C, so we have to ask you to amend them immediately as follows :

21.9. The credit is available until March 31.

21.10. We ask you to establish a letter of credit for $5,000 in our favor against shipment of the silk goods in force until may 24 with a prime bank in your city.

21. 대금결제

※ 다음을 영작하시오.

가. 당사를 수익자로 하는 미화 5만 달러의 신용장을 개설해 주십시오.

나. 우리은행에게 귀사를 수익자로 하는 미화 2만 달러의 취소불능 신용장을 개설하도록 의뢰 하였습니다.

다. 이 견적송장을 받으면 귀사의 거래은행에 미화 5만 달러, 1월 15까지 유효한 신용장을 개설해 주시기 바랍니다.

라. 이와 같은 사정으로, 신용장 제135호 선적기한과 유효기한을 각각 연장해야만 합니다.

마. 귀사가 요구하신대로 오늘 개설은행에 신용장 변경 요청을 이메일로 송부하였으므로 당사의 주문품 선적시기에 맞추어 변경된 신용장이 귀사에 도착할 것으로 생각합니다.

바. 당사는 귀도시에 있는 주요은행에서 5월 24일까지 유효한 실크 상품의 선적에 대하여 당사를 수익자로 하여 10,000달러에 대한 신용장을 개설하도록 귀사에게 요청합니다.

사. 당사는 귀시에 있는 주요 은행에서 3월 14일까지 유효한 전자 제품의 선적에 대하여 당사를 수익자로 하여 7,000달러에 대한 신용장을 개설하도록 귀사에게 요청합니다.

아. 당사는 귀사를 수익자로 하여 신용장을 개설하였는데 이에 근거하여 당사 앞으로 환어음을 발행하여 주십시오.

자. 지급은 일람 후 30일 출급으로 당사 앞으로 발행된 환어음에 의해 이루어져야 합니다.

차. 당사는 선적에 대한 100,000달러에 대하여 농협은행을 통하여 일람 후 90일 출급 환어음을 귀사 앞으로 발행하였습니다.

22. Package, Marine Insurance

22.1. The prices quoted include packing in double export cartons.

22.2. All packages are to be marked and numbered as per shipping instructions to follow.

22.3. We have taken every possible care in packing and handling the goods.

22.4. We have paid special attention to your instructions for packing and shipping marks and these will be strictly observed.

22.5. Please see to it that the machines and parts are packed in seaworthy wooden cases after being tightly wrapped in waterproof polyethylene sheets.

22.6. Since we made the contract on an FOB basis, marine insurance on the consignments has to be covered by you.

22.7. Please insure the goods against All Risks for $ 15,000.

22.8. We will leave the shipping arrangements to you, but wish you to insure the cargo subject to ICC (A) including Institute War and Strikes Clauses.

22.9. All shipments shall be insured against All Risks for the full invoice amount plus an imaginary profit of ten percent.

22.10. Insurance will be effected at this end. Please furnish the name of the vessel and the date of sailing.

22. 포장, 해상보험

※ 다음을 영작하시오.

가. 상자를 포장하기 전에 반드시 부품의 수를 살펴보시기 바랍니다.

나. 이 상품은 매우 부서지기 쉬우므로 운송 중에 손상을 입지 않도록 포장에 충분히 주의해 주십시오.

다. 수출에 적합한 강한 목재상자에 물품을 포장하십시오.

라. 이 화물은 파손을 포함한 전위험 담보조건으로 부보해 주십시오.

마. 모든 선적품들은 상업송장 금액에 희망이익 10%를 더한 I.C.C. (A) 조건으로 부보되어야 합니다.

바. 귀사가 저렴한 보험료로 보험계약을 체결하기 위해 최선을 다할 것으로 믿습니다.

사. 당사는 도난, 발하, 불착(TPND)에 대한 부보를 하였습니다.

아. 런던발 수에즈경유 광양행 한진선박에 선적된 잡화 200상자에 대해 파손 및 발화를 포함하는 ICC(A) 담보조건으로 1,000파운드에 대해 당사를 부보하여 주십시오.

자. 보험은 당사측에서 부보될 것입니다. 선박명과 출항일자를 알려주십시오.

차. 이 제품은 25,000달러에 대하여 ICC(B) 담보조건으로 부보되었습니다.

23. Shipment

23.1. We are pleased to inform you that we have shipped today 100 bales of cotton covering your order No.100 by S/S Pacific Bear, you will find all the goods in order.

23.2. As the goods are urgently required, we would request you to make shipment of this order by the first available vessel.

23.3. We deeply regret our inability to dispatch your order by S/S Koreana which was to leave Busan on May 5 due to the sudden sailing cancellation.

23.4. Please let us know whether you can ship 200 TMD-16 by August 13 as stated in our Purchase Order No.123.

23.5. A space for your Order No.678 has been booked on the Morning Star of the Asia Line leaving Inchon around September 13.

23.6. We have pleasure in confirming that your Order No.123 was shipped on the Arirang which left Gwangyang on April 2 and is due at New York on July 15.

23.7. We are sorry to inform you that the shipment covering your order No.345 is cancelled on account of the strike of workers at the port.

23.8. As these goods are urgently needed, we have to request you to expedite shipment.

23.9. We trust that the goods will arrive in very fine condition.

23.10. We have made every effort to execute your order in time for the shipping date specified in the L/C.

23. 선적

※ 다음을 영작하시오.

가. 귀사의 주문품은 1월 5일경 광양항을 출항할 예정인 아리랑호에 선적될 것입니다.

나. 늦어도 2월 5일까지는 귀사의 주문 제55호를 선적할 것이기 때문에 안심하시기 바랍니다.

다. 귀사의 주문서에는 3월 10일까지 선적을 요청하고 있지만, 전량을 이 선적기한까지 선적하는 것은 불가능합니다.

라. 300대를 3월 15일까지 선적하고 나머지를 3월 31일까지 선적할 수 밖에 없습니다.

마. 주문한 500개 가운데 적어도 50개는 6월 10일부터 시작하는 전시회 기간에 맞춰 5월 10일까지는 반드시 선적해 주십시오.

바. 귀사의 화물을 선적한 아리랑호는 예정보다 2일 늦은 10월 25일 광양항에서 고베항을 향하여 출항하였습니다.

사. 당사는 귀사가 홍콩으로 출항하는 다음 선박으로 당사의 물품을 선적하기를 원합니다.

아. 귀사의 선적품의 3개의 상자가 파손된 상태로 도착하였다는 것이 유감입니다.

자. 원료부족 때문에 6월말까지 귀사의 주문이 선적될 수 없다는 것이 유감입니다.

차. 당사는 귀사가 조회한 물품의 재고를 충분히 가지고 있어 귀사에게 즉각적으로 선적할 수 있습니다.

24. Documentary Bill of Exchange, Remittance

24.1. We have drawn a sight draft on you through the Woori Bank, Ltd.

24.2. We have drawn on you at 60 days after sight for $ 6,500,000 on D/A terms, so please accept it upon presentation.

24.3. Payment shall be made by a bill of exchange drawn under an irrevocable letter of credit at 60 days' sight.

24.4. Unless the L/C is amended to allow partial shipments, our bankers will not negotiate our draft.

24.5. It will be difficult for us to negotiate the draft with our bank until he said discrepancy is corrected.

24.6. We wish to remind you that your account is now more than one month overdue, and we would appreciate your remitting us $ 60,000 at your earliest convenience.

24.7. This is to acknowledge receipt of your check on the NH Bank, Ltd. for $ 3,500 in payment of our invoice dated November 9.

24.8. The outstanding balance due to us as of April 2 is $ 35,500. We would appreciate your prompt remittance by telegraphic transfer to our account with the KB Bank, Ltd., Yeosu Branch.

24.9. We believe that the enclosed statement of account for US $ 5,000 must have been overlooked. Please let us know whether or not payment is being withheld for some special reason.

24.10. The greatest merit of the draft at 60 days after sight is that the bill enables importers to dispense with otherwise necessary import financing including submission of a Trust Receipt.

24. 환어음, 송금

※ 다음을 영작하시오.

가. 송장금액에 대하여 귀사 앞으로 일람불 환어음을 발행하였습니다.

나. 귀사 앞으로 미화 오만 달러 일람 후 30일 후 지급 조건의 어음을 발행하였습니다.

다. 선적 후, 언제나와 같이 D/A 조건으로 일람 후 60일 지불 환어음을 당사 앞으로 발행해 주십시오.

라. 귀사의 계좌에서 현재 한 달이 넘는 기간 동안 지불이 되지 않고 있다는 사실을 기억해 주시길 희망합니다. 그리고 조속한 시일 내에 2만 5천불을 당사에 송금해 주시면 감사하겠습니다.

마. 상기 조정에 동의해 주신다면 즉시 미화 3만 달러를 귀사 앞으로 송금하겠습니다.

바. 당사의 거래은행에 체크해 보았지만 10월 20까지 미화 20만 달러의 당사 송장이 아직 미지급 상태입니다.

사. 이전 선적품에 대한 미화 10만 달러는 2주 이내에 우리은행 학동 지점의 귀사 계좌로 송금합니다.

아. 상호간에 거래를 시작한지가 벌써 15년이 넘게 경과되었기 때문에, 신용장 거래대신 D/A나 D/P조건으로 변경하고자 합니다.

자. 환 이익이 생겼을 경우는 당사에 아무런 이득도 없고, 환차손이 생겼을 때만 절반을 당사에 요구하는 것은 공정하지 않다고 생각합니다.

차. 당사로서는 어음의 일람을 30일로 하는 것에는 동의하지만, 그 기간의 금리 부담은 귀사에서 부담해 주시길 바랍니다.

25. Claim

25.1. We must object to the extra charge of US$200 which you have added to the bill.

25.2. You should file the claim for the breakage with the insurance company as the consignment is covered against All Risks.

25.3. We regret that we have to inform you that 3 cases in the consignment were found to be damaged on arrival.

25.4. We note from your letter of May 20 that Item No.123 was sent to you in place of No.132. This happened through a clerical error by our shipping department.

25.5. We have had the goods examined by the surveyor, who concludes the damage was caused by the improper loading of the shipment into the container, as you will understand from the survey report enclosed.

25.6. Upon checking the lot with your packing list, we have found that there is a short shipment of the parts listed below :

25.7. Upon unpacking the consignment, we found that of the 40 cartons, the contents of 3 cartons are different from what ordered and that the blue blouse is 20 pieces short.

25.8. We are not able to accept responsibility for transport damage.

25.9. You may be assured that we will pay more careful attention to your orders to prevent a repetition of such an error in future.

25.10. We hope you will understand that this sort of problem is quite unusual, but nevertheless, please accept our apologies for the inconvenience that has caused you.

25. 손해배상청구

※ 다음을 영작하시오.

가. 셔츠의 일부 색과 크기가 견본과 다릅니다.

나. 당사는 이 손상에 책임이 없다고 생각하기 때문에 선박회사에 클레임을 제기하실 것을 권합니다.

다. 귀사와의 오랜 된 우호적인 관계를 고려하여, 송장금액의 20% 할인을 함으로써 귀사와 협력할 준비가 되어 있습니다.

라. 10월 3일자 귀사의 이메일에서 요구하신 대로 20대의 장난감 자동차 무상 대체품을 일주일 이내에 보내겠습니다.

마. 귀사의 선적이 지연되어 설비 하청업자가 발전기 조립을 마칠 수가 없게 되어서 매우 곤란합니다.

바. 이번 귀사의 실수로 인해 당사의 많은 고객에게 불편을 끼쳐 드리게 되었기 때문에, 다음 번 부터는 이러한 실수가 두 번 다시 발생하지 않도록 당사의 주문에 좀 더 주의를 기울여 주시길 부탁드립니다.

사. 동봉한 품질검사증명서에 의해, 귀사가 11월19일 선적한 화물이 성능불량이라는 것을 알게 되었습니다. 당사가 불량품 때문에 곤란한 상황에 처했기 때문에 가능하면 빨리 올바른 대체품을 보내주십시오.

아. 금번 귀사의 위반으로 당사의 많은 고객이 큰 불편을 겪었기 때문에 앞으로는 이와 같은 문제가 재발되지 않도록 당사의 주문에 좀 더 주의를 기울여 주시기를 바랍니다.

자. 이러한 상태로 그 상품을 당사의 고객들에게 인도할 수 없습니다. 그러나 송장금액의 25% 할인해 주신다면 그 화물을 인수하겠습니다.

차. 이것은 당사가 할 수 있는 최대의 양보입니다. 귀사가 당사의 제의를 수락하는 데 동의하지 않는다면 중재에 의해 해결하고자 합니다.

26. Overseas Market Research & Business Trip

26.1. Due to strict import regulations, we must apply to the authorities concerned for the import license.

26.2. While your market is bearish, ours is very bullish with a rush of orders from developing countries.

26.3. We have decided to send our representative to obtain firsthand information on the market trend there.

26.4. I believe you will be able to achieve the sales target this year despite the current recession.

26.5. I am arriving at Singapore Airport aboard KAL Flight No.100 on Monday, May 17, at 6:30 p.m.

26.6. I will be visiting Paris from January 2 to 10 and wish to call on you on the afternoon of January 5 if you are available.

26.7. Thank you very much for your letter of September 13 informing us that you will be visiting Yeosu late this month.

26.8. I would be most grateful if you would reserve a single room for me at the Garden Hotel for three nights beginning on June 15.

26.9. Thank you for taking such good care of me when I was in Singapore last week. Let us cover the various subjects that were raised in our meetings.

26.10. Taking this opportunity, we wish to express our sincere thanks for your whole-hearted cooperation and support extended to us this year.

26. 해외시장조사와 출장

※ 다음을 영작하시오.

가. 이곳 시장이 수개월간 부진하기 때문에 유감이지만 남아있는 주문을 취소해야만 합니다.

나. 최근 불황 때문에 작년 수입한 상품의 약 20%가 아직 재고로 남아 있어서 새로운 주문을 하기 전에 이것을 우선 처분해야 합니다.

다. John Smith씨는 5월 10일, 화요일, 오후 5시 30분, 대한항공 123편으로 JFK 공항에 도착할 예정입니다.

라. 저의 출장일정을 최종적으로 정하기 전에, 3월 17일 오후 시간이 어떠신지 알려주시면 감사하겠습니다.

마. 11월 10일부터 3박을 강남 비즈니스 호텔의 싱글 룸으로 예약을 부탁드립니다.

바. 제가 지난 9월 뉴욕에 체재 중에 환대해 주셔서 대단히 감사합니다.

사. 당사는 귀사 제품의 판매촉진에 관계된 다양한 문제들을 토론하기 위한 귀사의 방문을 환영합니다.

아. 당사는 귀하와 귀사의 다른 동료들에게 메리 크리스마스와 행복한 새해를 맞이 하시기를 희망합니다.

자. 여수에서의 내 업무를 Mr. Kim이 이어서 담당할 것입니다.

차. 귀사의 희망을 만족시켜 드리기 위하여 최선을 다하겠습니다.

AMP

제3장
비즈니스 모범 양식(Business Model Form)

(Model Form 1) Agreement on General Terms and Conditions

(Model Form 2) Offer Sheet for Canned Top-Shell, Seasoned

(Model Form 3) Sales Note

(Model Form 4) Purchase Order

(Model Form 5) Reverse of Purchase Order

(Model Form 6) Irrevocable Letter of Credit

(Model Form 7) Bill of Lading

(Model Form 8) Bill of Lading

(Model Form 9) Letter of Indemnity

(Model Form 10) Commercial Invoice

(Model Form 11) Certificate of Origin

(Model Form 12) Bill of Exchange

(Model Form 13) Letter of Guarantee

(Model Form 14) Certificate of Marine Cargo Insurance

Model Form 1 Agreement on General Terms and Conditions

AGREEMENT

April 8, 2016

BETWEEN

A & Co., Ltd. ······as the seller

B & Co., Ltd, ······as the buyer

1. Business: Business shall be conducted as Principal to Principal, i.e. both Sellers and Buyers shall act one their own account and responsibility.

2. Goods: Goods in business, their unit to be quoted, and their mode of packing shall be stated in the attached list.

3. Prices: Unless otherwise specified in cables or letters, all prices submitted by "A" or "b" shall be understood C.I.F. New York in U.S. Dollars.

4. Offers: All cable offers are to be considered "firm" subject to reply within the period stated in respective cables. When "immediate reply" is used, it shall mean that a reply is to be received within three days from and including the day of the despatch of a firm offer. In either case, however, Sundays and all official bank holidays are excepted.

5. Orders: Except in cases where firm offers are accepted by "B", no orders are binding until acknowledged by "A."

6. Letter of Credit: Banker's Confirmed Letter of Credit shall be opened in favor of "A" immediately upon confirmation of sale;

credit shall be made a available twenty one(21) days beyond the contracted time of shipment in order to provide against unavoidable delay in shipment.

7. Payment: Drafts shall be drawn under credits at thirty(30) days after sight, documents attached, for the full invoice amount.

8. Shipment: All goods sold in accordance with this Agreement shall be shipped within the stipulated time. The date of Bill of Lading shall be taken as conclusive proof of the day of shipment. Unless otherwise agreed upon, the port of shipment shall be at "A"s option.

9. Force Majeure: "A" shall not be responsible for the delay in shipment due directly or indirectly to force majeure including mobilization, war, riots, civil commotion, hostilities, blockade, requisition of vessels, prohibition of export, fires, floods, earth-quakes, tempests, strikes, lockouts, and any other contingencies, which prevent shipment within the period stipulated. In the event of any of the aforesaid causes arising, documents proving its occurrence of existence shall be submitted by "A" to "B" without delay.

10. Delayed Shipment: In all cases of force majeure provided in Article 9, the period of shipment stipulated shall be extended for a period of twenty one(21) days. In case shipment within the extended period should still be prevented by a continuance of the causes mentioned in Article 9 or the consequences of any of them, it shall be at "B" s option either to allow the shipment of late goods or to cancel the order by giving "A" a notice of cancellation

by cable.

11. Marine Insurance: "A" shall effect insurance on all shipments on W.A. and for a sum equal to the amount of the invoice plus ten(10) percent, if no other conditions are particularly agreed on. War Risk or any other additional insurances, if required, shall be covered for account of "B." All policies shall be made out in U.S. Dollars and claims payable at New York.

12. Claims: Claims, if any, shall be filed by cable within fourteen(14) days from the date of final discharge of the goods at destination. Claims after the elapse of fourteen days shall be considered as null and void. Claims and disputes which can not be amicably settled between "A" and "B" shall be settled by arbitration in Korea by the Korean Commercial Arbitration Board according to the arbitration rules of the said Board.

In witness whereof, A & Co., Ltd. have hereunto set their hand in duplicate on the First Day of……, Twenty Hundred……, in Inchon, Korea, and B & Co., Ltd. have hereunto set their hand in duplicate on the …… Day of ……, Twenty Hundred……, in New York, U.S.A. This Agreement shall be valid on and from the First Day of……, Twenty Hundred…… and any of the Articles in this agreement shall not be changed or modified unless by mutual consent.

(Buyers):	(Sellers) :
B & Co., Ltd.	A & Co., LTD.
(Signature)	(Signature)
General Manager	Export Manager

Model Form 2 Offer Sheet for Canned Top-Shell, Seasoned

OFFER

In accordance with your inquiry No. *OH 135* dated *April 15, 2016* we are pleased to offer you as follows:

Destination: *New York, U.S.A*
Delivery: *May/June*
Terms of Payment: *By irrevocable L/C in our favor*
Offer Period or Subject to: *Our final confirmation*
Brand Origin: *Republic of Korea*
Packing: *Export standard packing*
Remarks: *Partial shipments: allowed*

containing 48/7 oz.
per case

DESCRIPTION	QUAN-TITY	UNIT PRICE	TOTAL PRICE
Canned Top-Shell, Seasoned 48 tins/7 oz. per case. Remarks. 1. Inspection to be made by Central Fisherise Inspection Station Korea, is final. 2. Label can be designed according to your request. Maker : Daeyang Fisheries Commercial Co., Ltd., Yeosu, Korea.	300 Cases	CIF New York @$ 17.50 per case	US$ 5,250

We are awaiting your orders :

Yours faithfully,

Model Form 3 Sales Note

SALES NOTE NO. GDT-R11-102

We confirm our sale to you of the following goods on the terms and conditions set forth below and on the reverse side hereof :

Description of Goods	Quantity	Unit Price	Amount
"Taylor Made" Brand, Golf river Model R11-S 9* Other details are as per spec. and catalog	1,000 clubs	CPT Gwangyang per club @ $500	US$ 500,000

Terms of Payment: Draft at sight under an irrevocable L/C

Shipment: By June 30, 2016, from New York

Insurance: To be covered by buyer

Packing: Appropriate packing to be done by you for the transportation by a container vessel

Destination: Gwangyang, Korea

Remarks: Please return to us the duplicate signed.

Buyer: Seller:

Model Form 4 Purchase Order

PURCHASE ORDER NO. TMG-DR-1

We purchase from you the following goods on the terms and conditions set forth below and the reverse side hereof :

Description of Goods	Quantity	Unit Price	Amount
"Taylor Made" Brand, Golf river Model R11-S 9* Other details are as per spec. and catalog	1,000 clubs	CPT Gwangyang per club @ $500	US$ 500,000

Terms of Payment: Draft at sight under an irrevocable L/C

Shipment: By June 30, 2016, from New York

Insurance: To be covered by buyer

Packing: Appropriate packing to be done by you for the transportation by a container vessel

Destination: Gwangyang, Korea

Model Form 5 Reverse of Purchase Order

General Terms and Conditions

Intellectual Property

Seller shall be responsible for any infringement with regard to intellectual property rights such as patent, utility model, trademark, design, copyright, technical know-how, and so forth in the merchandise, whether in Buyer's country or any other country or place. In the event of any dispute with regard to the above right and/or rights, Buyer shall have the right to cancel this contract at Buyer's discretion and shall be under no liability arising therefrom. Seller shall be responsible for and shall defend, reimburse, indemnify and hold Buyer harmless of and from any and all liabilities, claims, expenses, losses and/or damages caused thereby.

Claims

Any dispute or difference arising out of or relating to this contract or the breach thereof which cannot be amicably settled without undue delay by the interested parties shall be arbitrated in Seoul, Korea, in accordance with the arbitration rules of The Korea Commercial Arbitration Association. The arbitral award shall be final and binding upon both parties.

Trade Terms

The trade terms to be used in this contract shall be governed and construed by the provisions of INCOTERMS 2010, ICC Publication No. 715, unless otherwise specifically stipulated.

Governing Law

This contract shall be governed by and construed under the laws of Korea.

Model Form 6 Irrevocable Letter of Credit

ABC BANK, New York
Irrevocable Letter of Credit

No. 1000
Date August 10, 2016
U.S.A. $ 9,760,00

HONAM TRADING CO., LTD.
Yeosu, Korea

Gentlemen:

We hereby establish our irrevocable letter of credit in your favor for account of New York Trading Co., Inc., New York for a sum or sums not exceeding U. S. $ 9,760.00 (U.S. Dollars Nine Thousand Seven Hundred and Sixty Only) valid in Yeosu until September 30, 2016 and available by your drafts at sight drawn on us accompanied by

· Commercial Invoices in triplicate
· Negotiable Insurance Policy or Underwriter's Insurance Certificate in duplicate for 10% over the CIF value covering All Risks and War risk from Gwangyang Port to New York U.S.A. payable in U.S. Dollars in New York.
· Full set of clean on board bills of lading made out to order of shipper and blank endorsed, marked notify New York Trading Co., Inc., New York, evidencing shipment of following commodities from Gwangyang port to New York, dated not later than September 15, 2016.
· Commodities: Cotton Undershirts 1,600 doz. at U.S. $ 3.00 per doz. and 1,600 doz. at U.S. $ 3.10 per doz. CIF New York.
· Transshipment is not allowed.
· Partial shipments are permitted.

Draft drawn under this credit must bear the clause "drawn under Letter of Credit ABC Bank, New York, No. 1000 dated August 10, 2016.

The negotiating Bank must forward documents to us in two separate airmail. The amount of any draft drawn under this credit must concurrently with negotiation, be endorsed on the reverse hereof and the presentation of any such draft shall be a Warranty by the negotiating bank that such endorsement has been made and that the documents have been forwarded as herein required.

We hereby agree with the drawers, endorsers and bona fide holders of draft drawn under and in compliance with the terms of the credit that the said drafts will be honored by us on presentation.

Yours faithfully,
ABC Bank, New York

Unless Otherwise stated herein, this credit is "Subject to Uniform Customs and Practice for Documentary Credits 2007 Revision, International Chamber of Commerce, Publication No. 600"

Model Form 7 Bill of Lading

① Shipper			⑩ B/L No.
② Consignee		(회사명) ~(약관)~	
③ Notify Party			
④ Local Vessel	⑦ From		
⑤ Ocean Vessel	⑧ Voyage No.	⑪ Flag	⑫ Final Destination
⑥ Port of Loading	⑨ Port of Discharge	⑬ For transshipment to	

⑭ Marks and Numbers	⑮ No. of Pkgs	⑯ Kind of Pkgs. Description of Goods.	⑰ Gross Weight	⑱ Measure-ment
⑲ Total number of Packages or unites(in words)				

⑳ Freight & charge	㉑ Revenue tons	㉒ Rate	㉓ Per	㉔ Prepaid	㉕ Collect

㉖ Rate	㉗ Freight Prepaid at	㉙ Freight payable at	㉛ Place and date of issue
	㉘ Total Prepaid in	㉚ No. of original B/L	

Laden on Board the Vessel		
㉜ Date	㉝ by	㉞ (회사명) BY __________

Model Form 8 Bill of Lading

SHIPPED① in apparent good order and condition, unless otherwise stated hereon②, by the shipper hereinafter named, on board the undermentioned vessel, in or off the port of loading mentioned below, with liberty③ to delay sailing, to deviate for the purpose of saving or attempting to save life or property, to call at any ports or places once or often, in or out of the customary advertised route, in any order, forward or backward, for discharging and/or loading goods and/or mails, embarking and disembarking passengers, taking in fuel and other necessary supplies and for any other purpose whatsoever, to dry-dock with or without cargo on board if the COMPANY considers it necessary or convenient, to adjust compasses, to sail without pilots, to tow or be towed, and/or to assist vessels in all situations and circumstances: the following goods or packages said to contain④ goods hereinafter mentioned being marked and numbered as below, and to be delivered over the ship's side, when and where the ship's responsibility shall cease, in like good order and condition⑤ at the port of discharge, hereinafter named, or so near thereto as the ship may⑥ safely get and leave, always afloat at all stages and conditions of water and weather unto party or parties herein named as consignee, or his or their assigns, subject to the conditions and exceptions enumerated hereon and on the back hereof whether written, typed, stamped, or printed. If the goods in whole or in part are shut out⑦ from the ship named herein for any cause, the carrier shall have liberty to forward them under the terms of this bill of lading on the next available ship of this or at carrier's options, of any other line.

Freight for the said goods and primage⑧, if any, to be paid by the shipper in advance, on delivery of this bill of lading, in cash without discount, or at destination by the consignee as may be agreed upon and declared below⑨ and to be considered as earned⑩ whether the ship or the goods be lost or not or the voyage be broken up or abandoned at any stage of the entire transit.

Vessel: "VICTORY" Voy: 19 Master:
Shipper: DONGBANG LUMBER IND. CO., LTD., SEOUL
Port of Loading: INCHEON, KOREA {Destination : If goods to be transshipped}
Port of Discharge: NAGOYA, JAPAN at port of discharge
Consignee: TO ORDER or assigns
Notify Party: YAMAMOTO CO., LTD., NAGOYA

PARTICULARS FURNISHED BY SHIPPER OF GOODS

MARKS AND NUMBERS	NO. OF PIECES OR PACKAGES	DESCRIPTION OF GOODS	VALUE	WEIGHT	MEASUREMENT
VCL 43218 NAGOYA C/NO, 1-67 MADE IN KOREA	67 CRTS. SAY :	SAID TO CONTAIN : PARTICLE BOARD 18MM×4'×6' 2,000 PCS SIXTY(60) CRATEs ONLY "FREIGHT PREPAID"		58,060KGS.	3,764'

OCEAN RATE AND CHARGES RATES, WEIGHTS AND/OR MEASUREMENTS(SUBJECT TO CORRECTION FOR FREIGHT PURPOSE ONLY)				FREIGHT
Value		@	% ad valorem =	
3,764'	feet	@$ 10.90	per 40 cft =	US$ 1,025.69
BUNKER SURCHARGE		@$ 1.50	=	US$ 141.15
	lbs	@	=	
		@	=	

Exchange rate @₩ TOTAL US$ 1,166.84

PREPAID at SEOUL

PAYABLE at

IN WITNESS WHEREOF the agent or master of the said ship has signed THREE(3) Bills of Lading, all of this tenor and date, one of which being accomplished, the others to stand void.

B/L NUMBER
TN-7

Dated at SEOUL, KOREA MAY 1, 2016

Model Form 9 Letter of Indemnity

LETTER OF INDEMNITY

2016

S.S./M.V. "   "   Voy. No.   Sailed

Dear Sirs,

In consideration of your handing us clean Bill of Lading for our shipment by the above vessel as described below, the mate's receipt at which bears the following clause :

We hereby undertake and agree to pay on demand any claim that may thus arise on the said shipment and/or the cost of any consequent reconditioning and generally to indemnify yourselves and/or agents and/or the owners of the said vessel against all consequences that may arise from your action.

Further, should any claim arise in respect of this goods, we hereby authorize you and/or agents and/or owners of the vessel to disclose this Letter of Indemnity to the underwriters concerned.

Your faithfully,

B/L. No.

Marks & Nos.	No. of Pkgs.	Description	Destination

Model Form 10 Commercial Invoice

SINWOO TRADING CO., LTD.
Seoul, Korea

Invoice NO. 102
February 15, 2016
Bank Certificate No. BC-213

INVOICE of Four(4) Cases of Imitation Pearls shipped per S/S "Pacific Bear" from Gwangyang to New York for account and risk of American Trading Co., Inc., New York, N.Y., U.S.A., by the undersigned against Order No. 101 dated December 1, 2013.

Marks & Nos.	Particulars	Unit Price	Amount
			CIF
ATC	Imitation Pearls		New York
	S/No. 441 500 doz.	@ $ 1.50	$ 750
New York	〃 451 500 〃	1.80	900
# No. 1-4	〃 465 700 〃	2.00	1,400
Made in Korea	〃 485 800 〃	2.50	2,000
	4 cases 2,500 doz.		$ 5,050
	Export Licence No. LTB-5-11208		
	Net Weight: 104.5 kgs		
	Gross Weight: 315.8 kgs		
	Measurement: 25.5 cft.		

Insured with The Hyundai Marine & Fire Insurance Co., Ltd. for $ 5,555L/C No. D3104 issued by The National Bank of New York, New York.
Draft drawn through The Bank of Woori, Seoul.

SINWOO TRADING CO., LTD.

Model Form 11 Certificate of Origin

<table>
<tr><td colspan="2">Goods consigned from (Exporter's business name, address, country)</td><td colspan="3" rowspan="2">CERTIFICATE OF ORIGIN

(Combined Declaration and Certificate)
issued by
KOREA CHAMBER OF COMMERCE AND INDUSTRY
Seoul, Republic of Korea</td></tr>
<tr><td colspan="2">Goods consigned to (Consignee's name, address, country)</td></tr>
<tr><td colspan="2">Notify party</td><td colspan="3" rowspan="3">For official use</td></tr>
<tr><td>Port of loading</td><td>Port of discharge</td></tr>
<tr><td>Carrier</td><td>Date of shipment</td></tr>
</table>

<table>
<tr><td>BTN</td><td>Marks and numb er of package</td><td>Number and kind of package: description of goods</td><td>Gross weight or other quantity</td><td>Number and date of invoices</td></tr>
<tr><td></td><td></td><td></td><td></td><td></td></tr>
</table>

<table>
<tr><td>Invoice price :</td><td colspan="2">No. & date of Export License :</td></tr>
<tr><td rowspan="2">Declaration by the exporter
The undersigned hereby declares that the above details and statement are correct: that all the goods were produced in the Republic of Korea.

Place and Date :

Signature :

Signature of authorized signatory</td><td colspan="2">Certification
We hereby certify that the goods specified above have been duly attested as being of Korean origin.

Signature :

Managing Director
Korea Chamber of Commerce and Industry</td></tr>
<tr><td>Date of issue</td><td>Reference No.</td></tr>
</table>

Model Form 12 Bill of Exchange

BILL OF EXCHANGE

No. (1)9406

(3)Yeosu, (4)September 13, 2016

For (2)US $ 125, 400.00

AT (5)--------- **SIGHT OF THIS FIRST BILL OF EXCHANGE (SECOND BEING UNPAID) PAY TO THE GWANGJU BANK, LTD. OR ORDER THE SUM OF** (6)DOLLARS ONE HUNDRED AND TWENTY FIVE THOUSAND FOR HUNDRED ONLY IN THE UNITED STATES CURRENCY *

VALUE RECEIVED AND CHARGE THE SAME TO ACCOUNT OF **(7)**New Zealand Wire Industries Limited, Private Bag, New Plymouth, New Zealand

DRAWN UNDER (8)Bank of Oceania (N.Z.) Limited, New Plymouth, New Zealand **L/C NO.** (9)640/155 **DATED** (10)April 28, 2016.

To (11)Bank of Oceania (N.Z.) Limited
63 wall street
New York, NY 10005 U.S.A

Revenue Stamp

(12)YEOSU MACHINE SALES, LTD.
(Signed)
Director

Model Form 13 Letter of Guarantee

LETTER OF GUARANTEE

(Bank No.)

Revenue Stamp

To① Korea Marine Transport Co., Ltd.
S/S② "DONG YANG" (Korean flag③) Voy. No.④ 8
Arrived⑤ at Gwangyang, Korea From⑥ Yokohama, Japan
On⑦ August 2016

B/L Nos. & Shipping Marks ⑧	Quantity & Description of Goods ⑨
YOP-103 EMBLEM EX SAMHO GWANGYANG # 1-8 MADE IN JAPAN	8 cases(3,973 lbs. or 1,802 kgs) of ART PAPER(Flying Horse Brand) "SAY: EIGHT(8) CASE ONLY" (Invoice Value⑩ US$ 561-)
Shipper's Name & Address ⑪	Ashai Trading Co., Ltd., Tokyo Office 7th F1., Zuksen Bldg., #1. 2 chome Nihonbashidori, Chuo-ku Tokyo, Japan
Number of Package (in words) ⑫ :	EIGHT(8) CASES ONLY/

In consideration of your granting us delivery of the abovementioned cargo which we declare to have been shipped to our consignment, without production of Bill(s) of Lading⑬ which has/have not yet come to our hand, we hereby engage to hand you the said Bills of Lading immediately upon receipt and further guarantee to indemnify yourselves and/or the owner(s) of the said vessel against any claims that may be made by other parties on account of the aforesaid cargo⑭ and to pay to you on demand any freight or other charges that may be due here or that may have remained unpaid at the port of shipment in respect to the abovementioned goods⑮.

We hereby certify that the Bill(s) of Lading covering the above consignment is/are not hypothecated to any other Bank, Company, Firm or person⑯. In the event of the said Bill(s) of Lading being hypothecated to any other Bank, Company, Firm or person, we further guarantee to hold you harmless from all consequences whatsoever arising therefrom and furthermore undertake to inform you immediately in the event of Bill(s) of Lading being so hypothecated⑰.

Yours faithfully,

____

Party claiming the right of delivery

We, the undersigned, hereby join in the above indemnity and jointly and severally guarantee due performance of the contract and accept all the liabilities expressed therein⑱.

Executed this day of , 2016

This guarantee shall be deemed null and void upon your receipt of the corresponding Bill(s) of Lading duly endorsed by us to be surrendered for only purpose of redemption of this guarantee.

Authorized Signature
Foreign Department
The Bank of Seoul, Ltd.

Model Form 14 Certificate of Marine Cargo Insurance

<table>
<tr><td colspan="2">Assured(s), etc THE MIRE CORPORATION</td><td></td></tr>
<tr><td colspan="2">Certificate No.
002599A65334</td><td>Ref. No. Invoice No. DS-990228
L/C No.IOMP20748</td></tr>
<tr><td colspan="2">Claim, if any payable at:
GELLATLY HANKEY, MARINE SERVICE
842, Seventh Avenue New York 10018
Tel(201)786-0631
Claims are payable in</td><td>Amount insured
USD 65,120.-
(USD59,200 XC 110%)</td></tr>
<tr><td colspan="2">Survey should be approved by
THE SAME AS ABOVE</td><td rowspan="5">Condition
· INSTITUTE CARGO CLAUSE(A) 1982
· CLAIMS ARE PAYABLE IN AMERICA IN THE CURRENCY OF THE DRAFT.

Subject to the following clauses as per back hereof institute Cargo Clauses
Institute War Clauses(Cargo)
Institute War Cancellation Clauses (Cargo)
Institute Strikes Riot and Civil Commotion Clauses
Institute Air Cargo Clauses(All Risks)
Institute Classification Clauses
Special Replacement Clause(applying to machinery)
Institute Radioactive Contamination Exclusion Clauses
Co-Insurance Clause Marks and Numbers as</td></tr>
<tr><td>Local Vessel or Conveyance</td><td>From(interior port or place of loading)</td></tr>
<tr><td>Ship or Vessel called the Arirang-Ho A-35</td><td>Sailing on or about MARCH 3, 2016</td></tr>
<tr><td>at and from Gwangyang, KOREA</td><td>transshipped at</td></tr>
<tr><td>arrived at
NEW YORK</td><td>thence to</td></tr>
<tr><td colspan="3">Goods and Merchandise
12,500 PCS Tennis Racquets</td></tr>
</table>

Place and Date signed in SEOUL, KOREA MARCH 2, 2016 No. of Certificates issued. TWO
This Certificate represents and takes the place of the policy and conveys all rights of original policyholder(for the purpose of collecting any loss or claim) as fully as if property was covered by a Open Policy direct to the holder of this Certificate This Company agrees losses, if any, shall be payable to the order of Assured on surrender of this Certificate.
Settlement under one copy shall render all other null and void.
Contrary to the wording of this form, this insurance is governed by the standard from of English Marine Insurance Policy.
In the event of los or damage arising under this insurance, no claims will be admitted unless a survey has been held with the approval of this company's office or Agents specified in this Certificate.

SEE IMPORTANT INSTRUCTIONS ON REVERSE
Dongbang Insurance Co., Ltd.

AUTHORIZED SIGNATORY

This Certificate is not valid unless the Declaration be signed by and authorized representative of the Assured

AMP

부 록
Appendix

Incoterms® 2010

Incoterms® 2010

ICC rules for the use of domestic and international trade terms

International Chamber of Commerce

INTRODUCTION

The Incoterms[1] rules explain a set of three-letter trade terms reflecting business-to-business practice in contracts for the sale of goods. The Incoterms rules describe mainly the tasks, costs and risks involved in the delivery of goods from sellers to buyers.

How to use the Incoterms 2010 rules

1. Incorporate the Incoterms 2010 rules into your contract of sale

If you want the Incoterms 2010 rules to apply to your contract, you should make this clear in the contract, through such words as, "[the chosen Incoterms rule including the named place, followed by] Incoterms 2010".

2. Choose the appropriate Incoterms rule

The chosen Incoterms rule needs to be appropriate to the goods, to the means of their transport, and above all to whether the parties intend to put additional obligations, for example such as the obligation to organize carriage or insurance, on the seller or on the buyer. The Guidance Note to each Incoterms rule contain information that is particularly helpful when making this choice. Whichever Incoterms rule is chosen, the parties

1) "Incoterms" is a registered trademark of the International Chamber of Commerce.

should be aware that the interpretation of their contract may well be influenced by customs particular to the port or place being used.

3. Specify your place or port as precisely as possible

The chosen Incoterms rule can work only if the parties name a place or port, and will work best if the parties specify the place or port as precisely as possible.
A good example of such precision would be:

"FCA 38 Cours Albert 1er, Paris, France Incoterms 2010".

Under the Incoterms rules Ex Works (EXW), Free Carrier (FCA), Delivered at Terminal (DAT), Delivered at Place (DAP), Delivered Duty Paid (DDP), Free Alongside Ship (FAS), and Free on Board (FOB), the named place is the place where delivery takes place and where risk passes from the seller to the buyer. Under the Incoterms rules Carriage Paid To (CPT), Carriage and Insurance Paid To (CIP), Cost and Freight (CFR) and Cost, Insurance and Freight (CIF), the named place differs from the place of delivery. Under these four Incoterms rules, the named place is the place of destination to which carriage is paid. Indications as to place or destination can helpfully be further specified by stating a precise point in that place or destination in order to avoid doubt or argument.

4. Remember that Incoterms rules do not give you a complete contract of sale

Incoterms rules do say which party to the sale contract has the obligation to make carriage or insurance arrangements, when the seller delivers the goods to the buyer, and which costs each party is responsible for. Incoterms rules, however, say nothing about the price to be paid or the method of its payment. Neither do they deal with the transfer of ownership of the goods, or the consequences of a breach of contract. These matters are normally dealt with through express terms in the contract of sale or in the law governing that contract. The parties should be aware that mandatory local law may override any aspect of the sale contract, including the chosen Incoterms rule.

Main features of the Incoterms 2010 rules

1. Two new Incoterms rules – DAT and DAP – have replaced the Incoterms 2000 rules DAF, DES, DEQ and DDU

The number of Incoterms rules has been reduced from 13 to 11. This has been achieved by substituting two new rules that may be used irrespective of the agreed mode of transport – DAT, Delivered at Terminal, and DAP, Delivered at Place – for the Incoterms 2000 rules DAF, DES, DEQ and DDU.

Under both new rules, delivery occurs at a named destination: in DAT, at the buyer's disposal unloaded from the arriving vehicle (as under the former DEQ rule); in DAP, likewise at the buyer's disposal, but ready for unloading (as under the former DAF, DES and DDU rules).

The new rules make the Incoterms 2000 rules DES and DEQ superfluous. The named terminal in DAT may well be in a port, and DAT can therefore safely be used in cases where the Incoterms 2000 rule DEQ once was.

Likewise, the arriving "vehicle" under DAP may well be a ship and the named place of destination may well be a port: consequently, DAP can safely be used in cases where the Incoterms 2000 rule DES once was. These new rules, like their predecessors, are "delivered", with the seller bearing all the costs (other than those related to import clearance, where applicable) and risks involved in bringing the goods to the named place of destination.

2. Classification of the 11 Incoterms 2010 rules

The 11 Incoterms 2010 rules are presented in two distinct classes:

RULES FOR ANY MODE OR MODES OF TRANSPORT

EXW EX WORKS

FCA FREE CARRIER

CPT CARRIAGE PAID TO
CIP CARRIAGE AND INSURANCE PAID TO

DAT DELIVERED AT TERMINAL
DAP DELIVERED AT PLACE
DDP DELIVERED DUTY PAID

RULES FOR SEA AND INLAND WATERWAY TRANSPORT

FAS FREE ALONGSIDE SHIP
FOB FREE ON BOARD

CFR COST AND FREIGHT
CIF COST INSURANCE AND FREIGHT

The first class includes the seven Incoterms® 2010 rules that can be used irrespective of the mode of transport selected and irrespective of whether one or more than one mode of transport is employed. EXW, FCA, CPT, CIP, DAT, DAP and DDP belong to this class. They can be used even when there is no maritime transport at all. It is important to remember, however, that these rules can be used in cases where a ship is used for part of the carriage.

In the second class of Incoterms 2010 rules, the point of delivery and the place to which the goods are carried to the buyer are both ports, hence the label "sea and inland waterway" rules. FAS, FOB, CFR and CIF belong to this class. Under the last three Incoterms rules, all mention of the ship's rail as the point of delivery has been omitted in preference for the goods being delivered when they are "on board" the vessel. This more closely reflects modern commercial reality and avoids the rather dated image of the risk swinging to and fro across an imaginary perpendicular line.

3. Rules for domestic and international trade

Incoterms rules have traditionally been used in international sale contracts where goods pass across national borders. In various areas of the world, however, trade blocs, like the European Union, have made border formalities between different countries less significant. Consequently, the subtitle of the Incoterms 2010 rules formally recognizes that they are available for application to both international and domestic sale contracts. As a result, the Incoterms 2010 rules clearly state in a number of places that the obligation to comply with export/import formalities exists only where applicable.

Two developments have persuaded ICC that a movement in this direction is timely. Firstly, traders commonly use Incoterms rules for purely domestic sale contracts. The second reason is the greater willingness in the United States to use Incoterms rules in domestic trade rather than the former Uniform Commercial Code shipment and delivery terms.

4. Guidance Notes

Before each Incoterms 2010 rule you will find a Guidance Note. The Guidance Notes explain the fundamentals of each Incoterms rule, such as when it should be used, when risk passes, and how costs are allocated between seller and buyer. The Guidance Notes are not part of the actual Incoterms® 2010 rules, but are intended to help the user accurately and efficiently steer towards the appropriate Incoterms rule for a particular transaction.

5. Electronic communication

Previous versions of Incoterms rules have specified those documents that could be replaced by EDI messages. Articles A1/B1 of the Incoterms

2010 rules, however, now give electronic means of communication the same effect as paper communication, as long as the parties so agree or where customary. This formulation facilitates the evolution of new electronic procedures throughout the lifetime of the Incoterms 2010 rules.

6. Insurance cover

The Incoterms 2010 rules are the first version of the Incoterms rules since the revision of the Institute Cargo Clauses and take account of alterations made to those clauses. The Incoterms 2010 rules place information duties relating to insurance in articles A3/B3, which deal with contracts of carriage and insurance. These provisions have been moved from the more generic articles found in articles A10/B10 of the Incoterms 2000 rules. The language in articles A3/B3 relating to insurance has also been altered with a view to clarifying the parties' obligations in this regard.

7. Security-related clearances and information required for such clearances

There is heightened concern nowadays about security in the movement of goods, requiring verification that the goods do not pose a threat to life or property for reasons other than their inherent nature. Therefore, the Incoterms 2010 rules have allocated obligations between the buyer and seller to obtain or to render assistance in obtaining security-related clearances, such as chain-of custody information, in articles A2/B2 and A10/B10 of various Incoterms rules.

8. Terminal handling charges

Under Incoterms rules CPT, CIP, CFR, CIF, DAT, DAP, and DDP, the seller must make arrangements for the carriage of the goods to the agreed destination. While the freight is paid by the seller, it is actually paid for by the buyer as freight costs are normally included by the seller in the total selling price. The carriage costs will sometimes include the costs of handling and moving the goods within port or container terminal facilities and the carrier or terminal operator may well charge these costs to the buyer who receives the goods. In these circumstances, the buyer will want to avoid paying for the same service twice: once to the seller as part of the total selling price and once independently to the carrier or the terminal operator. The Incoterms 2010 rules seek to avoid this happening by clearly allocating such costs in articles A6/B6 of the relevant Incoterms rules.

9. String sales

In the sale of commodities, as opposed to the sale of manufactured goods, cargo is frequently sold several times during transit "down a string". When this happens, a seller in the middle of the string does not "ship" the goods because these have already been shipped by the first seller in the string. The seller in the middle of the string therefore performs its obligations towards its buyer not by shipping the goods, but by "procuring" goods that have been shipped. For clarification purposes, Incoterms 2010 rules include the obligation to "procure goods shipped" as an alternative to the obligation to ship goods in the relevant Incoterms rules.

Variants of Incoterms rules

Sometimes the parties want to alter an Incoterms rule. The Incoterms 2010 rules do not prohibit such alteration, but there are dangers in so doing. In order to avoid any unwelcome surprises, the parties would need to make the intended effect of such alterations extremely clear in their contract. Thus, for example, if the allocation of costs in the Incoterms 2010 rules is altered in the contract, the parties should also clearly state whether they intend to vary the point at which the risk passes from seller to buyer.

Status of this introduction

This introduction gives general information on the use and interpretation of the Incoterms 2010 rules, but does not form part of those rules.

Explanation of terms used in the Incoterms 2010 rules

As in the Incoterms 2000 rules, the seller's and buyer's obligations are presented in mirror fashion, reflecting under column A the seller's obligations and under column B the buyer's obligations. These obligations can be carried out personally by the seller or the buyer or sometimes, subject to terms in the contract or the applicable law, through intermediaries such as carriers, freight forwarders or other persons nominated by the seller or the buyer for a specific purpose.

The text of the Incoterms 2010 rules is meant to be self-explanatory. However, in order to assist users the following text sets out guidance as to the sense in which selected terms are used throughout the document.

Carrier: For the purposes of the Incoterms 2010 rules, the carrier is the party with whom carriage is contracted.

Customs formalities: These are requirements to be met in order to comply with any applicable customs regulations and may include documentary, security, information or physical inspection obligations.

Delivery: This concept has multiple meanings in trade law and practice, but in the Incoterms 2010 rules, it is used to indicate where the risk of loss of or damage to the goods passes from the seller to the buyer.

Delivery document: This phrase is now used as the heading to article A8. It means a document used to prove that delivery has occurred. For many of the Incoterms 2010 rules, the delivery document is a transport document or corresponding electronic record. However, with EXW, FCA, FAS and FOB, the delivery document may simply be a receipt. A delivery document may also have other functions, for example as part of the mechanism for payment.

Electronic record or procedure: A set of information constituted of one or more electronic messages and, where applicable, being functionally equivalent with the corresponding paper document.

Packaging: This word is used for different purposes :

1. The packaging of the goods to comply with any requirements under

the contract of sale.

2. The packaging of the goods so that they are fit for transportation.

3. The stowage of the packaged goods within a container or other means of transport.

In the Incoterms 2010 rules, packaging means both the first and second of the above. The Incoterms 2010 rules do not deal with the parties' obligations for stowage within a container and therefore, where relevant, the parties should deal with this in the sale contract.

EXW

EX WORKS

EXW (insert named place of delivery) Incoterms® 2010

GUIDANCE NOTE

This rule may be used irrespective of the mode of transport selected and may also be used where more than one mode of transport is employed. It is suitable for domestic trade, while FCA is usually more appropriate for international trade.

“Ex Works” means that the seller delivers when it places the goods at the disposal of the buyer at the seller’s premises or at another named place (i.e., works, factory, warehouse, etc.). The seller does not need to load the goods on any collecting vehicle, nor does it need to clear the goods for export, where such clearance is applicable.

The parties are well advised to specify as clearly as possible the point within the named place of delivery, as the costs and risks to that point are for the account of the seller. The buyer bears all costs and risks involved in taking the goods from the agreed point, if any, at the named place of delivery.

EXW represents the minimum obligation for the seller. The rule should be used with care as:

a) The seller has no obligation to the buyer to load the goods, even though in practice the seller may be in a better position to do so. If the seller does load the goods, it does so at the buyer's risk and expense. In cases where the seller is in a better position to load the goods, FCA, which obliges the seller to do so at its own risk and expense, is usually more appropriate.

b) A buyer who buys from a seller on an EXW basis for export needs to be aware that the seller has an obligation to provide only such assistance as the buyer may require to effect that export: the seller is not bound to organize the export clearance. Buyers are therefore well advised not to use EXW if they cannot directly or indirectly obtain export clearance.

c) The buyer has limited obligations to provide to the seller any information regarding the export of the goods. However, the seller may need this information for, e.g., taxation or reporting purposes.

A THE SELLER'S OBLIGATIONS

A1 General obligations of the seller

The seller must provide the goods and the commercial invoice in conformity with the contract of sale and any other evidence of conformity that may be required by the contract. Any document referred to in A1-A10 may be an equivalent electronic record or procedure if agreed between the parties or customary.

A2 Licences, authorizations, security clearances and other formalities

Where applicable, the seller must provide the buyer, at the buyer's request, risk and expense, assistance in obtaining any export licence, or other official authorization necess2ary for the export of the goods.
Where applicable, the seller must provide, at the buyer's request, risk and expense, any information in the possession of the seller that is required for the security clearance of the goods.

A3 Contracts of carriage and insurance

a) Contract of carriage

The seller has no obligation to the buyer to make a contract of carriage.

b) Contract of insurance

The seller has no obligation to the buyer to make a contract of insurance. However, the seller must provide the buyer, at the buyer's request, risk and expense (if any), with information that the buyer needs for obtaining insurance.

A4 Delivery

The seller must deliver the goods by placing them at the disposal of the buyer at the agreed point, if any, at the named place of delivery, not loaded on any collecting vehicle. If no specific point has been agreed within the named place of delivery, and if there are several points available, the seller may select the point that best suits its purpose. The seller must deliver the goods on the agreed date or within the agreed period.

A5 Transfer of risks

The seller bears all risks of loss of or damage to the goods until they have been delivered in accordance with A4 with the exception of loss or damage in the circumstances described in B5.

A6 Allocation of costs

The seller must pay all costs relating to the goods until they have been delivered in accordance with A4, other than those payable by the buyer as envisaged in B6

A7 Notices to the buyer

The seller must give the buyer any notice needed to enable the buyer to take delivery of the goods.

A8 Delivery document

The seller has no obligation to the buyer.

A9 Checking – packaging – marking

The seller must pay the costs of those checking operations (such as checking quality, measuring, weighing, counting) that are necessary for the purpose of delivering the goods in accordance with A4.

The seller must, at its own expense, package the goods, unless it is usual for the particular trade to transport the type of goods sold unpackaged. The seller may package the goods in the manner appropriate for their transport, unless the buyer has notified the seller of specific packaging requirements before the contract of sale is concluded. Packaging is to be marked appropriately.

A10 Assistance with information and related costs

The seller must, where applicable, in a timely manner, provide to or render assistance in obtaining for the buyer, at the buyer's request, risk and expense, any documents and information, including security-related information, that the buyer needs for the export and/or import of the goods and/or for their transport to the final destination.

B THE BUYER'S OBLIGATIONS

B1 General obligations of the buyer

The buyer must pay the price of the goods as provided in the contract of sale.

Any document referred to in B1-B10 may be an equivalent electronic record or procedure if agreed between the parties or customary.

B2 Licences, authorizations, security clearances and other formalities

Where applicable, it is up to the buyer to obtain, at its own risk and expense, any export and import licence or other official authorization and carry out all customs formalities for the export of the goods.

B3 Contracts of carriage and insurance

a) Contract of carriage
The buyer has no obligation to the seller to make a contract of carriage.

b) Contract of insurance
The buyer has no obligation to the seller to make a contract of insurance.

B4 Taking Delivery

The buyer must take delivery of the goods when A4 and A7 have been complied with.

B5 Transfer of risks

The buyer bears all risks of loss of or damage to the goods from the time they have been delivered as envisaged in A4.
If the buyer fails to give notice in accordance with B7, then the buyer bears all risks of loss of or damage to the goods from the agreed date or the expiry date of the agreed period for delivery, provided that the goods have been clearly identified as the contract goods.

B6 Allocation of costs

The buyer must:

a) Pay all costs relating to the goods from the time they have been delivered as envisaged in A4.
b) Pay any additional costs incurred by failing either to take delivery of the goods when they have been placed at its disposal or to give

appropriate notice in accordance with B7, provided that the goods have been clearly identified as the contract goods;

c) Pay, where applicable, all duties, taxes and other charges, as well as the costs of carrying out customs formalities payable upon export; and
d) Reimburse all costs and charges incurred by the seller in providing assistance as envisaged in A2

B7 Notices to the seller

The buyer must, whenever it is entitled to determine the time within an agreed period and/or the point of taking delivery within the named place, give the seller sufficient notice thereof.

B8 Proof of delivery

The buyer must provide the seller with appropriate evidence of having taken delivery.

B9 Inspection of goods

The Buyer must pay the costs of any mandatory pre-shipment inspection, including inspection mandated by the authorities of the country of export.

B10 Assistance with information and related costs

The buyer must, in a timely manner, advise the seller of any security information requirements so that the seller may comply with A10
The buyer must reimburse the seller for all costs and charges incurred by the seller in providing or rendering assistance in obtaining documents and information as envisaged in A10

FCA

Free Carrier

FCA (insert named place of delivery) Incoterms® 2010

GUIDANCE NOTE

This rule may be used irrespective of the mode of transport selected and may also be used where more than one mode of transport is employed.

"Free Carrier" means that the seller delivers the goods to the carrier or another person nominated by the buyer at the seller's premises or another named place. The parties are well advised to specify as clearly as possible the point within the named place of delivery, as the risk passes to the buyer at that point.

If the parties intend to deliver the goods at the seller's premises, they should identify the address of those premises as the named place of delivery. If, on the other hand, the parties intend the goods to be delivered at another place, they must identify a different specific place of delivery.

FCA requires the seller to clear the goods for export, where applicable. However, the seller has no obligation to clear the goods for import, pay any import duty or carry out any import customs formalities.

A THE SELLER'S OBLIGATIONS

A1 General obligations of the seller

The seller must provide the goods and the commercial invoice in conformity with the contract of sale and any other evidence of conformity that may be required by the contract.

Any document referred to in A1-A10 may be an equivalent electronic record or procedure if agreed between the parties or customary.

A2 Licences, authorizations, security clearances and other formalities

Where applicable, the seller must obtain, at its own risk and expense, any export licence or other official authorization and carry out all customs formalities necessary for the export of the goods.

A3 Contracts of carriage and insurance

a) Contract of carriage

The seller has no obligation to the buyer to make a contract of carriage. However, if requested by the buyer or if it is commercial practice and the buyer does not give an instruction to the contrary in due time, the seller may contract for carriage on usual terms at the buyer's risk and expense. In either case, the seller may decline to make the contract of carriage and, if it does, shall promptly notify the buyer.

b) Contract of insurance

The seller has no obligation to the buyer to make a contract of insurance.

However, the seller must provide the buyer, at the buyer's request, risk, and expense (if any), with information that the buyer needs for obtaining insurance.

A4 Delivery

The seller must deliver the goods to the carrier or another person nominated by the buyer at the agreed point, if any, at the named place on the agreed date or within the agreed period.

Delivery is completed:

a) if the named place is the seller's premises, when the goods have been loaded on the means of transport provided by the buyer.

b) In any other case, when the goods are placed at the disposal of the carrier or another person nominated by the buyer on the seller's means of transport ready for unloading.

If no specific point has been notified by the buyer under B7 d) within the named place of delivery, and if there are several points available, the seller may select the point that best suits its purpose.

Unless the buyer notifies the seller otherwise, the seller may deliver the goods for carriage in such a manner as the quantity and/or nature of the goods may require.

A5 Transfer of risks

The seller bears all risks of loss of or damage to the goods until they have been delivered in accordance with A4, with the exception of loss or damage in the circumstances described in B5.

A6 Allocation of costs

The seller must pay

a) all costs relating to the goods until they have been delivered in accordance with A4, other than those payable by the buyer as envisaged in B6; and
b) where applicable, the costs of customs formalities necessary for export, as well as all duties, taxes, and other charges payable upon export.

A7 Notices to the buyer

The seller must, at the buyer's risk and expense, give the buyer sufficient notice either that the goods have been delivered in accordance with A4 or that the carrier or another person nominated by the buyer has failed to take the goods within the time agreed.

A8 Delivery document

The seller must provide the buyer, at the seller's expense, with the usual proof that the goods have been delivered in accordance with A4.
The seller must provide assistance to the buyer, at the buyer's request, risk and expense, in obtaining a transport document.

A9 Checking - packaging - marking

The seller must pay the costs of those checking operations (such as checking quality, measuring, weighing, counting) that are necessary for the purpose of delivering the goods in accordance with A4, as well any pre-shipment inspection mandated by the authority of the country of export.
The seller must, at its own expense, package the goods, unless it is usual for the particular trade to transport the type of goods sold unpackaged. The seller may package the goods in the manner appropriate for their transport, unless the buyer has notified the seller of specific packaging

requirements before the contract of sale is concluded. Packaging is to be marked appropriately.

A10 Assistance with information and related costs

The seller must, where applicable, in a timely manner, provide to or render assistance in obtaining for the buyer, at the buyer's request, risk and expense, any documents and information, including security-related information, that the buyer needs for the import of the goods and/or for their transport to the final destination.
The seller must reimburse the buyer for all costs and charges incurred by the buyer in providing or rendering assistance in obtaining documents and information as envisaged in B10.

B THE BUYER'S OBLIGATIONS

B1 General obligations of the buyer

The buyer must pay the price of the goods as provided in the contract of sale.
Any document referred to in B1-B10 may be an equivalent electronic record or procedure if agreed between the parties or customary.

B2 Licences, authorizations, security clearances and other formalities

Where applicable, it is up to the buyer to obtain, at its own risk and expense, any import licence or other official authorization and carry out all customs formalities for the import of the goods and for their transport through any country.

B3 Contracts of carriage and insurance

a) Contract of carriage

The buyer must contract at its own expense for the carriage of the goods from the named place of delivery, except when the contract of carriage is made by the seller as provided for in A3 a).

b) Contract of insurance

The buyer has no obligation to the seller to make a contract of insurance.

B4 Taking delivery

The buyer must take delivery of the goods when they have been delivered as envisaged in A4.

B5 Transfer of risks

The buyer bears all risks of loss of or damage to the goods from the time they have been delivered as envisaged in A4.

If

a) the buyer fails in accordance with B7 to notify the nomination of a carrier or another person as envisaged in A4 or to give notice; or

b) the carrier or person nominated by the buyer as envisaged in A4 fails to take the goods into its charge, then, the buyer bears all risks of loss of or damage to the goods:

  (i) from the agreed date, or in the absence of an agreed date,

  (ii) from the date notified by the seller under A7 within the agreed period; or, if no such date has been notified,

  (iii) from the expiry date of any agreed period for delivery, provided that the goods have been clearly identified as the contract goods

B6 Allocation of costs

The buyer must pay

a) all costs relating to the goods from the time they have been delivered as envisaged in A4, except, where applicable, the costs of customs formalities necessary for export, as well as all duties, taxes, and other charges payable upon export as referred to in A6 b);

b) any additional costs incurred, either because:

(i) the buyer fails to nominate a carrier or another person as envisaged in A4, or

(ii) the carrier or person nominated by the buyer as envisaged in A4 fails to take the goods into its charge, or

(iii) the buyer has failed to give appropriate notice in accordance with B7, provided that the goods have been clearly identified as the contract goods; and

c) where applicable, all duties, taxes and other charges as well as the costs of carrying out customs formalities payable upon import of the goods and the costs for their transport through any country.

B7 Notices to the seller

The buyer must notify the seller of

a) the name of the carrier or another person nominated as envisaged in A4 within sufficient time as to enable the seller to deliver the goods in accordance with that article;

b) where necessary, the selected time within the period agreed for delivery when the carrier or person nominated will take the goods;

c) the mode of transport to be used by the person nominated; and

d) the point of taking delivery within the named place.

B8 Proof of delivery

The buyer must accept the proof of delivery provided as envisaged in A8.

B9 Inspection of goods

The buyer must pay the costs of any mandatory pre-shipment inspection, except when such
inspection is mandated by the authorities of the country of export.

B10 Assistance with information and related costs

The buyer must, in a timely manner, advise the seller of any security information requirements so that the seller may comply with A10.
The buyer must reimburse the seller for all costs and charges incurred by the seller in providing or rendering assistance in obtaining documents and information as envisaged in A10.
The buyer must, where applicable, in a timely manner, provide to or render assistance in obtaining for the seller, at the seller's request, risk and expense, any documents and information, including security-related information, that the seller needs for the transport and export of the goods and for their transport through any country.

CPT

CARRIAGE PAID TO

CPT (insert named place of destination) Incoterms® 2010

GUIDANCE NOTE

This rule may be used irrespective of the mode of transport selected and may also be used where more than one mode of transport is employed.

"Carriage Paid To" means that the seller delivers the goods to the carrier or another person nominated by the seller at an agreed place (if any such place is agreed between the parties) and that the seller must contract for and pay the costs of carriage necessary to bring the goods to the named place of destination.
When CPT, CIP, CFR or CIF are used, the seller fulfils its obligation to deliver when it hands the goods over to the carrier and not when the goods reach the place of destination.

This rule has two critical points, because risk passes and costs are transferred at different places. The parties are well advised to identify as precisely as possible in the contract both the place of delivery, where the risk passes to the buyer, and the named place of destination to which the seller must contract for the carriage. If several carriers are used for the carriage to the agreed destination and the parties do not agree on a specific point of delivery, the default position is that risk passes when the goods have been delivered to the first carrier at a point entirely of the seller's choosing and over which the buyer has no control. Should the parties wish the risk to pass at a later stage (e.g., at an ocean port or airport), they need to specify this in their contract of sale.

The parties are also well advised to identify as precisely as possible the point within the agreed place of destination, as the costs to that point are for the account of the seller. The seller is advised to procure contracts of carriage that match this choice precisely. If the seller incurs costs under its contract of carriage related to unloading at the named place of destination, the seller is not entitled to recover such costs from the buyer unless otherwise agreed between the parties.

CPT requires the seller to clear the goods for export, where applicable. However, the seller has no obligation to clear the goods for import, pay any import duty or carry out any import customs formalities.

A THE SELLER'S OBLIGATIONS

A1 General obligations of the seller

The seller must provide the goods and the commercial invoice in conformity with the contract of sale and any other evidence of conformity that may be required by the contract.

Any document referred to in A1-A10 may be an equivalent electronic record or procedure if agreed between the parties or customary.

A2 Licences, authorizations, security clearances and other formalities

Where applicable, the seller must obtain, at its own risk and expense, any export licence or other official authorization and carry out all customs formalities necessary for the export of the goods, and for their transport through any country prior to delivery.

A3 Contracts of carriage and insurance

a) Contract of carriage

The seller must contract or procure a contract for the carriage of the goods from the agreed point of delivery, if any, at the place of delivery to the named place of destination or, if agreed, any point at that place. The contract of carriage must be made on usual terms at the seller's expense and provide for carriage by the usual route and in a customary manner. If a specific point is not agreed or is not determined by practice, the seller may select the point of delivery and the point at the named place of destination that best suit its purpose.

b) Contract of insurance

The seller has no obligation to the buyer to make a contract of insurance. However, the seller must provide the buyer, at the buyer's request, risk, and expense (if any), with information that the buyer needs for obtaining insurance.

A4 Delivery

The seller must deliver the goods by handing them over to the carrier contracted in accordance with A3 on the agreed date or within the agreed period.

A5 Transfer of risks

The seller bears all risks of loss of or damage to the goods until they have been delivered in accordance with A4, with the exception of loss or damage in the circumstances described in B5.

A6 Allocation of costs

The seller must pay

a) all costs relating to the goods until they have been delivered in accordance with A4, other than those payable by the buyer as envisaged in B6;

b) the freight and all other costs resulting from A3 a), including the costs of loading the goods and any charges for unloading at the place of destination that were for the seller's account under the contract of carriage; and

c) where applicable, the costs of customs formalities necessary for export, as well as all duties, taxes and other charges payable upon export, and the costs for their transport through any country that were for the seller's account under the contract of carriage.

A7 Notices to the buyer

The seller must notify the buyer that the goods have been delivered in accordance with A4.

The seller must give the buyer any notice needed in order to allow the buyer to take measures that are normally necessary to enable the buyer to take the goods.

A8 Delivery document

If customary or at the buyer's request, the seller must provide the buyer, at the seller's expense, with the usual transport document[s] for the transport contracted in accordance with A3.
This transport document must cover the contract goods and be dated within the period agreed for shipment. If agreed or customary, the document must also enable the buyer to claim the goods from the carrier at the named place of destination and enable the buyer to sell the goods in transit by the transfer of the document to a subsequent buyer or by notification to the carrier.
When such a transport document is issued in negotiable form and in several originals, a full set of originals must be presented to the buyer.

A9 Checking – packaging – marking

The seller must pay the costs of those checking operations (such as checking quality, measuring, weighing, counting) that are necessary for the purpose of delivering the goods in accordance with A4, as well as the costs of any pre-shipment inspection mandated by the authority of the country of export.
The seller must, at its own expense, package the goods, unless it is usual for the particular trade to transport the type of goods sold unpackaged. The seller may package the goods in the manner appropriate for their transport, unless the buyer has notified the seller of specific packaging requirements before the contract of sale is concluded. Packaging is to be

marked appropriately.

A10 Assistance with information and related costs

The seller must, where applicable, in a timely manner, provide to or render assistance in obtaining for the buyer, at the buyer's request, risk and expense, any documents and information, including security-related information, that the buyer needs for the import of the goods and/or for their transport to the final destination.
The seller must reimburse the buyer for all costs and charges incurred by the buyer in providing or rendering assistance in obtaining documents and information as envisaged in B10.

B THE BUYER'S OBLIGATIONS

B1 General obligations of the buyer

The buyer must pay the price of the goods as provided in the contract of sale.
Any document referred to in B1-B10 may be an equivalent electronic record or procedure if agreed between the parties or customary.

B2 Licences, authorizations, security clearances and other formalities

Where applicable, it is up to the buyer to obtain, at its own risk and expense, any import licence or other official authorization and carry out all customs formalities for the import of the goods and for their transport through any country.

B3 Contracts of carriage and insurance

a) Contract of carriage

The buyer has no obligation to the seller to make a contract of carriage.

b) Contract of insurance

The buyer has no obligation to the seller to make a contract of insurance. However, the buyer must provide the seller, upon request, with the necessary information for obtaining insurance.

B4 Taking delivery

The buyer must take delivery of the goods when they have been delivered as envisaged in A4 and receive them from the carrier at the named place of destination.

B5 Transfer of risks

The buyer bears all risks of loss of or damage to the goods from the time they have been delivered as envisaged in A4.

If the buyer fails to give notice in accordance with B7, it must bear all risks of loss of or damage to the goods from the agreed date or the expiry date of the agreed period for delivery, provided that the goods have been clearly identified as the contract goods.

B6 Allocation of costs

The buyer must, subject to the provisions of A3 a), pay

a) all costs relating to the goods from the time they have been delivered as envisaged in A4, except, where applicable, the costs of customs formalities necessary for export, as well as all duties, taxes, and other charges payable upon export as referred to in A6 c);

b) all costs and charges relating to the goods while in transit until their arrival at the agreed place of destination, unless such costs and charges were for the seller's account under the contract of carriage;
c) unloading costs, unless such costs were for the seller's account under the contract of carriage;
d) any additional costs incurred if the buyer fails to give notice in accordance with B7, from the agreed date or the expiry date of the agreed period for dispatch, provided that the goods have been clearly identified as the contract goods; and
e) where applicable, all duties, taxes and other charges, as well as the costs of carrying out customs formalities payable upon import of the goods and the costs for their transport through any country, unless included within the cost of the contract of carriage.

B7 Notices to the seller

The buyer must, whenever it is entitled to determine the time for dispatching the goods and/or the named place of destination or the point of receiving the goods within that place, give the seller sufficient notice thereof.

B8 Proof of delivery

The buyer must accept the transport document provided as envisaged in A8 if it is in conformity with the contract.

B9 Inspection of goods

The buyer must pay the costs of any mandatory pre-shipment inspection, except when such inspection is mandated by the authorities of the country of export.

B10 Assistance with information and related costs

The buyer must, in a timely manner, advise the seller of any security information requirements so that the seller may comply with A10.

The buyer must reimburse the seller for all costs and charges incurred by the seller in providing or rendering assistance in obtaining documents and information as envisaged in A10.

The buyer must, where applicable, in a timely manner, provide to or render assistance in obtaining for the seller, at the seller's request, risk and expense, any documents and information, including security-related information, that the seller needs for the transport and export of the goods and for their transport through any country.

CIP

CARRIAGE AND INSURANCE PAID TO

CIP (insert named place of destination) Incoterms® 2010

GUIDANCE NOTE

This rule may be used irrespective of the mode of transport selected and may also be used where more than one mode of transport is employed.

"Carriage and Insurance Paid to" means that the seller delivers the goods to the carrier or another person nominated by the seller at an agreed place (if any such place is agreed between the parties) and that the seller must contract for and pay the costs of carriage necessary to bring the goods to the named place of destination.

The seller also contracts for insurance cover against the buyer's risk of loss of or damage to the goods during the carriage. The buyer should note that under CIP the seller is required to obtain insurance only on minimum cover. Should the buyer wish to have more insurance protection, it will need either to agree as much expressly with the seller or to make its own extra insurance arrangements.

When CPT, CIP, CFR or CIF are used, the seller fulfils its obligation to deliver when it hands the goods over to the carrier and not when the goods reach the place of destination.

This rule has two critical points, because risk passes and costs are transferred at different places. The parties are well advised to identify as precisely as possible in the contract both the place of delivery, where the risk passes to the buyer, and the named place of destination to which the seller must contract for the carriage. If several carriers are used for the carriage to the agreed destination and the parties do not agree on a specific point of delivery, the default position is that risk passes when the goods have been delivered to the first carrier at a point entirely of the seller's choosing and over which the buyer has no control. Should the parties wish the risk to pass at a later stage (e.g., at an ocean port or airport), they need to specify this in their contract of sale.

The parties are also well advised to identify as precisely as possible the point within the agreed place of destination, as the costs to that point are for the account of the seller. The seller is advised to procure contracts of carriage that match this choice precisely. If the seller incurs costs under its contract of carriage related to unloading at the named place of destination, the seller is not entitled to recover such costs from the buyer unless otherwise agreed between the parties.

CIP requires the seller to clear the goods for export, where applicable. However, the seller has no obligation to clear the goods for import, pay any import duty or carry out any import customs formalities.

A THE SELLER'S OBLIGATIONS

A1, A2, A3(a) A4 to A10

See the comments to CPT A1, A2,A3 (a) A4 to A10.

A3(b) Contract of insurance

The seller must obtain at its own expense cargo insurance complying at least with the minimum cover as provided by Clauses (C) of the Institute Cargo Clauses (LMA/IUA) or any similar clauses. The insurance shall be contracted with underwriters or an insurance company of good repute and entitle the buyer, or any other person having an insurable interest in the goods, to claim directly from the insurer.

When required by the buyer, the seller shall, subject to the buyer providing any necessary information requested by the seller, provide at the buyer's expense any additional cover, if procurable, such as cover as provided by Clauses (A) or (B) of the Institute Cargo Clauses (LMA/IUA) or any similar clauses, and/or cover complying with the Institute War Clauses and/or Institute Strikes Clauses (LMA/IUA) or any similar clauses.

The insurance shall cover, at a minimum, the price provided in the contract plus 10% (i.e.,110%) and shall be in the currency of the contract.

The insurance shall cover the goods from the point of delivery set out in A4 and A5 to at least the named place of destination.

The seller must provide the buyer with the insurance policy or other evidence of insurance cover.

Moreover, the seller must provide the buyer, at the buyer's request, risk, and expense (if any), with information that the buyer needs to procure any additional insurance.

B THE BUYER'S OBLIGATIONS

B1 to B2, B3(a), and B4 to B10

See the comments to CPT B1 B2, B3(a), and B4 to B10

B3(b) Contract of insurance

The buyer has no obligation to the seller to make a contract of insurance. However, the buyer must provide the seller, upon request, with any information necessary for the seller to procure any additional insurance requested by the buyer as envisaged in A3 b).

DAT

DELIVERED AT TERMINAL

DAT (Insert named terminal at port or place of destination) Incoterms® 2010

GUIDANCE NOTE

This rule may be used irrespective of the mode of transport selected and may also be used where more than one mode of transport is employed.

"Delivered at Terminal" means that the seller delivers when the goods, once unloaded from the arriving means of transport, are placed at the disposal of the buyer at a named terminal at the named port or place of destination. "Terminal" includes any place, whether covered or not, such as a quay, warehouse, container yard or road, rail or air cargo terminal. The seller bears all risks involved in bringing the goods to and unloading them at the terminal at the named port or place of destination.

The parties are well advised to specify as clearly as possible the terminal and, if possible, a specific point within the terminal at the agreed port or place of destination, as the risks to that point are for the account of the seller. The seller is advised to procure a contract of carriage that matches this choice precisely.

Moreover, if the parties intend the seller to bear the risks and costs involved in transporting and handling the goods from the terminal to another place, then the DAP or DDP rules should be used.

DAT requires the seller to clear the goods for export, where applicable. However, the seller has no obligation to clear the goods for import, pay any import duty or carry out any import customs formalities.

A THE SELLER'S OBLIGATIONS

A1 General obligations of the seller

The seller must provide the goods and the commercial invoice in conformity with the contract of sale and any other evidence of conformity that may be required by the contract. Any document referred to in A1-A10 may be an equivalent electronic record or procedure if agreed between the parties or customary.

A2 Licences, authorizations, security clearances and other formalities

Where applicable, the seller must obtain, at its own risk and expense, any export licence and other official authorization and carry out all customs formalities necessary for the export of the goods and for their transport through any country prior to delivery.

A3 Contracts of carriage and insurance

a) Contract of carriage

The seller must contract at its own expense for the carriage of the goods to the named terminal at the agreed port or place of destination. If a specific terminal is not agreed or is not determined by practice, the seller may select the terminal at the agreed port or place of destination that best suits its purpose.

b) Contract of insurance

The seller has no obligation to the buyer to make a contract of insurance. However, the seller must provide the buyer, at the buyer's request, risk, and expense (if any), with information that the buyer needs for obtaining insurance.

A4 Delivery

The seller must unload the goods from the arriving means of transport and must then deliver them by placing them at the disposal of the buyer at the named terminal referred to in A3 a) at the port or place of destination on the agreed date or within the agreed period.

A5 Transfer of risks

The seller bears all risks of loss of or damage to the goods until they have been delivered in accordance with A4 with the exception of loss or damage in the circumstances described in B5.

A6 Allocation of costs

The seller must pay

a) in addition to costs resulting from A3 a), all costs relating to the goods until they have been delivered in accordance with A4, other than those payable by the buyer as envisaged in B6; and

b) where applicable, the costs of customs formalities necessary for export as well as all duties, taxes and other charges payable upon export and the costs for their transport through any country, prior to delivery in accordance with A4.

A7 Notices to the buyer

The seller must give the buyer any notice needed in order to allow the buyer to take measures that are normally necessary to enable the buyer to take delivery of the goods.

A8 Delivery document

The seller must provide the buyer, at the seller's expense, with a document enabling the buyer to take delivery of the goods as envisaged in A4/B4.

A9 Checking - packaging - marking

The seller must pay the costs of those checking operations (such as checking quality, measuring, weighing, counting) that are necessary for the purpose of delivering the goods in accordance with A4, as well as the costs of any pre-shipment inspection mandated by the authority of the country of export.

The seller must, at its own expense, package the goods, unless it is usual for the particular trade to transport the type of goods sold unpackaged. The seller may package the goods in the manner appropriate for their transport, unless the buyer has notified the seller of specific packaging requirements before the contract of sale is concluded. Packaging is to be marked appropriately.

A10 Assistance with information and related costs

The seller must, where applicable, in a timely manner, provide to or render assistance in obtaining for the buyer, at the buyer's request, risk and expense, any documents and information, including security-related information, that the buyer needs for the import of the goods and/or for their transport to the final destination.

The seller must reimburse the buyer for all costs and charges incurred by the buyer in providing or rendering assistance in obtaining documents and information as envisaged in B10.

B THE BUYER'S OBLIGATIONS

B1 General obligations of the buyer

The buyer must pay the price of the goods as provided in the contract of sale.

Any document referred to in B1-B10 may be an equivalent electronic record or procedure if agreed between the parties or customary.

B2 Licences, authorizations, security clearances and other formalities

Where applicable, the buyer must obtain, at its own risk and expense, any import licence or other official authorization and carry out all customs formalities for the import of the goods.

B3 Contracts of carriage and insurance

a) Contract of carriage

The buyer has no obligation to the seller to make a contract of carriage.

b) Contract of insurance

The buyer has no obligation to the seller to make a contract of insurance. However, the buyer must provide the seller, upon request, with the necessary information for obtaining insurance.

B4 Taking delivery

The buyer must take delivery of the goods when they have been delivered as envisaged in A4.

B5 Transfer of risks

The buyer bears all risks of loss of or damage to the goods from the time they have been
delivered as envisaged in A4.
If
a) the buyer fails to fulfil its obligations in accordance with B2, then it bears all resulting risks of loss of or damage to the goods; or
b) the buyer fails to give notice in accordance with B7, then it bears all risks of loss of or damage to the goods from the agreed date or the expiry date of the agreed period for delivery, provided that the goods have been clearly identified as the contract goods.

B6 Allocation of costs

The buyer must pay
a) all costs relating to the goods from the time they have been delivered as envisaged in A4;
b) any additional costs incurred by the seller if the buyer fails to fulfil its obligations in accordance with B2, or to give notice in accordance with B7, provided that the goods have been clearly identified as the contract goods; and

c) where applicable, the costs of customs formalities as well as all duties, taxes and other charges payable upon import of the goods.

B7 Notice to the seller

The buyer must, whenever it is entitled to determine the time within an agreed period and/or the point of taking delivery at the named terminal, give the seller sufficient notice thereof.

B8 Proof of delivery

TThe buyer must accept the delivery document provided as envisaged in A8.

B9 Inspection of goods

The buyer must pay the costs of any mandatory pre-shipment inspection, except when such inspection is mandated by the authorities of the country of export.

B10 Assistance with information and related costs

The buyer must, in a timely manner, advise the seller of any security information requirements so that the seller may comply with A10.
The buyer must reimburse the seller for all costs and charges incurred by the seller in providing or rendering assistance in obtaining documents and information as envisaged in A10.
The buyer must, where applicable, in a timely manner, provide to or render assistance in obtaining for the seller, at the seller's request, risk and expense, any documents and information, including security-related information, that the seller needs for the transport and export of the goods and for their transport through any country.

DAP

DELIVERED AT PLACE

DAP (Insert named place of destination) Incoterms® 2010

GUIDANCE NOTE

This rule may be used irrespective of the mode of transport selected and may also be used where more than one mode of transport is employed.

"Delivered at Place" means that the seller delivers when the goods are placed at the disposal of the buyer on the arriving means of transport ready for unloading at the named place of destination. The seller bears all risks involved in bringing the goods to the named place.

The parties are well advised to specify as clearly as possible the point within the agreed place of destination, as the risks to that point are for the account of the seller. The seller is advised to procure contracts of carriage that match this choice precisely. If the seller incurs costs under its contract of carriage related to unloading at the place of destination, the seller is not entitled to recover such costs from the buyer unless otherwise agreed between the parties.

DAP requires the seller to clear the goods for export, where applicable.

However, the seller has no obligation to clear the goods for import, pay any import duty or carry out any import customs formalities. If the parties wish the seller to clear the goods for import, pay any import duty and carry out any import customs formalities, the DDP term should be used.

A THE SELLER'S OBLIGATIONS

A1 General obligations of the seller

The seller must provide the goods and the commercial invoice in conformity with the contract of sale and any other evidence of conformity that may be required by the contract. Any document referred to in A1-A10 may be an equivalent electronic record or procedure if agreed between the parties or customary.

A2 Licences, authorizations, security clearances and other formalities

Where applicable, the seller must obtain, at its own risk and expense, any export licence or other official authorization and carry out all customs formalities necessary for the export of the goods and for their transport through any country prior to delivery.

A3 Contracts of carriage and insurance

a) Contract of carriage

The seller must contract at its own expense for the carriage of the goods to the named place of destination or to the agreed point, if any, at the named place of destination. If a specific point is not agreed or is not determined by practice, the seller may select the point at the named place of destination that best suits its purpose.

b) Contract of insurance

The seller has no obligation to the buyer to make a contract of insurance. However, the seller must provide the buyer, at the buyer's request, risk, and expense (if any), with information that the buyer needs for obtaining insurance.

A4 Delivery

The seller must deliver the goods by placing them at the disposal of the buyer on the arriving means of transport ready for unloading at the agreed point, if any, at the named place of destination on the agreed date or within the agreed period

A5 Transfer of risks

The seller bears all risks of loss of or damage to the goods until they have been delivered in accordance with A4, with the exception of loss or damage in the circumstances described in B5.

A6 Allocation of costs

The seller must pay

a) in addition to costs resulting from A3 a), all costs relating to the goods until they have been delivered in accordance with A4, other than those payable by the buyer as envisaged in B6;

b) any charges for unloading at the place of destination that were for the seller's account under the contract of carriage; and

c) where applicable, the costs of customs formalities necessary for export as well as all duties, taxes and other charges payable upon export and the costs for their transport through any country, prior to delivery in accordance with A4.

A7 Notices to the buyer

The seller must give the buyer any notice needed in order to allow the buyer to take measures that are normally necessary to enable the buyer to take delivery of the goods.

A8 Delivery document

The seller must provide the buyer, at the seller's expense, with a document enabling the buyer to take delivery of the goods as envisaged in A4/B4.

A9 Checking – packaging – marking

The seller must pay the costs of those checking operations (such as checking quality, measuring, weighing, counting) that are necessary for the purpose of delivering the goods in accordance with A4, as well as the costs of any pre-shipment inspection mandated by the authority of the country of export.

The seller must, at its own expense, package the goods, unless it is usual for the particular trade to transport the type of goods sold unpackaged. The seller may package the goods in the manner appropriate for their transport, unless the buyer has notified the seller of specific packaging requirements before the contract of sale is concluded. Packaging is to be marked appropriately.

A10 Assistance with information and related costs

The seller must, where applicable, in a timely manner, provide to or render assistance in obtaining for the buyer, at the buyer's request, risk and expense, any documents and information, including security-related information, that the buyer needs for the import of the goods and/or for their transport to the final destination.

The seller must reimburse the buyer for all costs and charges incurred by the buyer in providing or rendering assistance in obtaining documents and information as envisaged in B10.

B THE BUYER'S OBLIGATIONS

B1 General obligations of the buyer

The buyer must pay the price of the goods as provided in the contract of sale.

Any document referred to in B1-B10 may be an equivalent electronic record or procedure if agreed between the parties or customary.

B2 Licences, authorizations, security clearances and other formalities

Where applicable, the buyer must obtain, at its own risk and expense, any import licence or other official authorization and carry out all customs formalities for the import of the goods.

B3 Contracts of carriage and insurance

a) Contract of carriage

The buyer has no obligation to the seller to make a contract of carriage.

b) Contract of insurance

The buyer has no obligation to the seller to make a contract of insurance. However, the buyer must provide the seller, upon request, with the necessary information for obtaining insurance.

B4 Taking delivery

The buyer must take delivery of the goods when they have been delivered as envisaged in A4.

B5 Transfer of risks

The buyer bears all risks of loss of or damage to the goods from the time they have been delivered as envisaged in A4.

If

a) the buyer fails to fulfil its obligations in accordance with B2, then it bears all resulting risks of loss of or damage to the goods; or
b) the buyer fails to give notice in accordance with B7, then it bears all risks of loss of or damage to the goods from the agreed date or the expiry date of the agreed period for delivery, provided that the goods have been clearly identified as the contract goods.

B6 Allocation of costs

The buyer must pay

a) all costs relating to the goods from the time they have been delivered as envisaged in A4;
b) all costs of unloading necessary to take delivery of the goods from the arriving means of transport at the named place of destination, unless such costs were for the seller's account under the contract of carriage;
c) any additional costs incurred by the seller if the buyer fails to fulfil its obligations in accordance with B2 or to give notice in accordance with B7, provided that the goods have been clearly identified as the contract goods; and

d) where applicable, the costs of customs formalities, as well as all duties, taxes and other charges payable upon import of the goods.

B7 Notices to the seller

The buyer must, whenever it is entitled to determine the time within an agreed period and/or the point of taking delivery within the named place of destination, give the seller sufficient notice thereof.

B8 Proof of delivery

The buyer must accept the delivery document provided as envisaged in A8.

B9 Inspection of goods

The buyer must pay the costs of any mandatory pre-shipment inspection, except when such inspection is mandated by the authorities of the country of export.

B10 Assistance with information and related costs

The buyer must, in a timely manner, advise the seller of any security information requirements so that the seller may comply with A10.

The buyer must reimburse the seller for all costs and charges incurred by the seller in providing or rendering assistance in obtaining documents and information as envisaged in A10.

The buyer must, where applicable, in a timely manner, provide to or render assistance in obtaining for the seller, at the seller's request, risk and expense, any documents and information, including security-related information, that the seller needs for the transport and export of the goods and for their transport through any country.

DDP

DELIVERED DUTY PAID

DDP (Insert named place of destination) Incoterms® 2010

GUIDANCE NOTE

This rule may be used irrespective of the mode of transport selected and may also be used where more than one mode of transport is employed.

"Delivered Duty Paid" means that the seller delivers the goods when the goods are placed at the disposal of the buyer, cleared for import on the arriving means of transport ready for unloading at the named place of destination. The seller bears all the costs and risks involved in bringing the goods to the place of destination and has an obligation to clear the goods not only for export but also for import, to pay any duty for both export and import and to carry out all customs formalities.

DDP represents the maximum obligation for the seller.

The parties are well advised to specify as clearly as possible the point within the agreed place of destination, as the risks to that point are for the account of the seller. The seller is advised to procure contracts of carriage that match this choice precisely. If the seller incurs costs under its contract of carriage related to unloading at the place of destination, the seller is not entitled to recover such costs from the buyer unless otherwise agreed between the parties.

The parties are well advised not to use DDP if the seller is unable directly or indirectly to obtain import clearance.

If the parties wish the buyer to bear all risks and costs of import clearance, the DAP rule should be used.
Any VAT or other taxes payable upon import are for the seller's account unless expressly agreed otherwise in the sales contract.

A THE SELLER'S OBLIGATIONS

A1 General obligations of the seller

The seller must provide the goods and the commercial invoice in conformity with the contract of sale and any other evidence of conformity that may be required by the contract.
Any document referred to in A1-A10 may be an equivalent electronic record or procedure if agreed between the parties or customary.

A2 Licences, authorizations, security clearances and other formalities

Where applicable, the seller must obtain, at its own risk and expense, any export and import licence and other official authorization and carry out all customs formalities necessary for the export of the goods, for their transport through any country and for their import.

A3 Contracts of carriage and insurance

a) Contract of carriage

The seller must contract at its own expense for the carriage of the goods to the named place of destination or to the agreed point, if any, at the named place of destination. If a specific point is not agreed or is not determined by practice, the seller may select the point at the named place of destination that best suits its purpose.

b) Contract of insurance

The seller has no obligation to the buyer to make a contract of insurance. However, the seller must provide the buyer, at the buyer's request, risk, and expense (if any), with information that the buyer needs for obtaining insurance.

A4 Delivery

The seller must deliver the goods by placing them at the disposal of the buyer on the arriving means of transport ready for unloading at the agreed point, if any, at the named place of destination on the agreed date or within the agreed period.

A5 Transfer of risks

The seller bears all risks of loss of or damage to the goods until they have been delivered in accordance with A4, with the exception of loss or damage in the circumstances described in B5.

A6 Allocation of costs

The seller must pay

a) in addition to costs resulting from A3 a), all costs relating to the goods until they have been delivered in accordance with A4, other than those payable by the buyer as envisaged in B6;

b) any charges for unloading at the place of destination that were for the seller's account under the contract of carriage; and

c) where applicable, the costs of customs formalities necessary for export and import as well as all duties, taxes and other charges payable upon export and import of the goods, and the costs for their transport through any country prior to delivery in accordance with A4.

A7 Notices to the buyer

The seller must give the buyer any notice needed in order to allow the buyer to take measures that are normally necessary to enable the buyer to take delivery of the goods.

A8 Delivery document

The seller must provide the buyer, at the seller's expense, with a document enabling the buyer to take delivery of the goods as envisaged in A4/B4.

A9 Checking-packaging-marking

The seller must pay the costs of those checking operations (such as checking quality, measuring, weighing, counting) that are necessary for the purpose of delivering the goods in accordance with A4, as well as the costs of any pre-shipment inspection mandated by the authority of the country of export or of import.

The seller must, at its own expense, package the goods, unless it is usual for the particular trade to transport the type of goods sold unpackaged. The seller may package the goods in the manner appropriate for their transport, unless the buyer has notified the seller of specific packaging requirements before the contract of sale is concluded. Packaging is to be marked appropriately.

A10 Assistance with information and related costs

The seller must, where applicable, in a timely manner, provide to or render assistance in obtaining for the buyer, at the buyer's request, risk and expense, any documents and information, including security-related information, that the buyer needs for the transport of the goods to the final destination, where applicable, from the named place of destination.
The seller must reimburse the buyer for all costs and charges incurred by the buyer in providing or rendering assistance in obtaining documents and information as envisaged in B10.

B THE BUYER'S OBLIGATIONS

B1 General obligations of the buyer

The buyer must pay the price of the goods as provided in the contract of sale.
Any document referred to in B1-B10 may be an equivalent electronic record or procedure if agreed between the parties or customary.

B2 Licences, authorizations, security clearances and other formalities

Where applicable, the buyer must provide assistance to the seller, at the seller's request, risk and expense, in obtaining any import licence or other official authorization for the import of the goods.

B3 Contracts of carriage and insurance

a) Contract of carriage

The buyer has no obligation to the seller to make a contract of carriage.

b) Contract of insurance

The buyer has no obligation to the seller to make a contract of insurance. However, the buyer must provide the seller, upon request, with the necessary information for obtaining insurance.

B4 Taking delivery

The buyer must take delivery of the goods when they have been delivered as envisaged in A4.

B5 Transfer of risks

The buyer bears all risks of loss of or damage to the goods from the time they have been delivered as envisaged in A4.

If

a) the buyer fails to fulfil its obligations in accordance with B2, then it bears all resulting risks of loss of or damage to the goods; or

b) the buyer fails to give notice in accordance with B7, then it bears all risks of loss of or damage to the goods from the agreed date or the expiry date of the agreed period for delivery, provided that the goods have been clearly identified as the contract goods.

B6 Allocation of costs

The buyer must pay

a) all costs relating to the goods from the time they have been delivered as envisaged in A4;

b) all costs of unloading necessary to take delivery of the goods from the arriving means of transport at the named place of destination, unless such costs were for the seller's account under the contract of carriage; and

c) any additional costs incurred if it fails to fulfil its obligations in accordance with B2 or to give notice in accordance with B7, provided that the goods have been clearly identified as the contract goods.

B7 Notices to the seller

The buyer must, whenever it is entitled to determine the time within an agreed period and/or the point of taking delivery within the named place of destination, give the seller sufficient notice thereof.

B8 Proof of delivery

The buyer must accept the proof of delivery provided as envisaged in A8.

B9 Inspection of goods

The buyer has no obligation to the seller to pay the costs of any mandatory pre-shipment inspection mandated by the authority of the country of export or of import.

B10 Assistance with information and related costs

The buyer must, in a timely manner, advise the seller of any security information requirements so that the seller may comply with A10.

The buyer must reimburse the seller for all costs and charges incurred by the seller in providing or rendering assistance in obtaining documents and information as envisaged in A10.

The buyer must, where applicable, in a timely manner, provide to or render assistance in obtaining for the seller, at the seller's request, risk and expense, any documents and information, including security-related information, that the seller needs for the transport, export and import of the goods and for their transport through any country.

FAS

FREE ALONGSIDE SHIP

FAS (insert named port of shipment) Incoterms® 2010

GUIDANCE NOTE

This rule is to be used only for sea or inland waterway transport.

"Free Alongside Ship" means that the seller delivers when the goods are placed alongside the vessel (e.g., on a quay or a barge) nominated by the buyer at the named port of shipment. The risk of loss of or damage to the goods passes when the goods are alongside the ship, and the buyer bears all costs from that moment onwards.

The parties are well advised to specify as clearly as possible the loading point at the named port of shipment, as the costs and risks to that point are for the account of the seller and these costs and associated handling charges may vary according to the practice of the port.

The seller is required either to deliver the goods alongside the ship or to procure goods already so delivered for shipment. The reference to "procure" here caters for multiple sales down a chain ('string sales'), particularly common in the commodity trades.

Where the goods are in containers, it is typical for the seller to hand the goods over to the carrier at a terminal and not alongside the vessel. In such situations, the FAS rule would be inappropriate, and the FCA rule should be used.

FAS requires the seller to clear the goods for export, where applicable. However, the seller has no obligation to clear the goods for import, pay any import duty or carry out any import customs formalities.

A THE SELLER'S OBLIGATIONS

A1 General obligations of the seller

The seller must provide the goods and the commercial invoice in conformity with the contract of sale and any other evidence of conformity that may be required by the contract.
Any document referred to in A1-A10 may be an equivalent electronic record or procedure if agreed between the parties or customary.

A2 Licences, authorizations, security clearances and other formalities

Where applicable, the seller must obtain, at its own risk and expense, any export licence or other official authorization and carry out all customs formalities necessary for the export of the goods.

A3 Contracts of carriage and insurance

a) Contract of carriage

The seller has no obligation to the buyer to make a contract of carriage. However, if requested by the buyer or if it is commercial practice and the buyer does not give an instruction to the contrary in due time, the seller may contract for carriage on usual terms at the buyer's risk and expense. In either case, the seller may decline to make the contract of carriage and, if it does, shall promptly notify the buyer.

b) Contract of insurance

The seller has no obligation to the buyer to make a contract of insurance. However, the seller must provide the buyer, at the buyer's request, risk, and expense (if any), with information that the buyer needs for obtaining insurance.

A4 Delivery

The seller must deliver the goods either by placing them alongside the ship nominated by the buyer at the loading point, if any, indicated by the buyer at the named port of shipment or by procuring the goods so delivered. In either case, the seller must deliver the goods on the agreed date or within the agreed period and in the manner customary at the port.
If no specific loading point has been indicated by the buyer, the seller may select the point within the named port of shipment that best suits its purpose. If the parties have agreed that delivery should take place within a period, the buyer has the option to choose the date within that period.

A5 Transfer of risks

The seller bears all risks of loss of or damage to the goods until they have been delivered in accordance with A4 with the exception of loss or damage in the circumstances described in B5.

A6 Allocation of costs

The seller must pay

a) all costs relating to the goods until they have been delivered in accordance with A4, other than those payable by the buyer as envisaged in B6; and

b) where applicable, the costs of customs formalities necessary for export as well as all duties, taxes and other charges payable upon export.

A7 Notices to the buyer

The seller must, at the buyer's risk and expense, give the buyer sufficient notice either that the goods have been delivered in accordance with A4 or that the vessel has failed to take the goods within the time agreed.

A8 Delivery document

The seller must provide the buyer, at the seller's expense, with the usual proof that the goods have been delivered in accordance with A4.
Unless such proof is a transport document, the seller must provide assistance to the buyer, at the buyer's request, risk and expense, in obtaining a transport document.

A9 Checking - packaging - marking

The seller must pay the costs of those checking operations (such as checking quality, measuring, weighing, counting) that are necessary for the purpose of delivering the goods in accordance with A4, as well as the costs of any pre-shipment inspection mandated by the authority of the country of export.

The seller must, at its own expense, package the goods, unless it is usual for the particular trade to transport the type of goods sold unpackaged. The seller may package the goods in the manner appropriate for their transport, unless the buyer has notified the seller of specific packaging requirements before the contract of sale is concluded. Packaging is to be marked appropriately.

A10 Assistance with information and related costs

The seller must, where applicable, in a timely manner, provide to or render assistance in obtaining for the buyer, at the buyer's request, risk and expense, any documents and information, including security-related information, that the buyer needs for the import of the goods and/or for their transport to the final destination.

The seller must reimburse the buyer for all costs and charges incurred by the buyer in providing or rendering assistance in obtaining documents and information as envisaged in B10.

B THE BUYER'S OBLIGATIONS

B1 General obligations of the buyer

The buyer must pay the price of the goods as provided in the contract of sale.

Any document referred to in B1-B10 may be an equivalent electronic record or procedure if agreed between the parties or customary.

B2 Licences, authorizations, security clearances and other formalities

Where applicable, it is up to the buyer to obtain, at its own risk and expense, any import licence or other official authorization and carry out all customs formalities for the import of the goods and for their transport through any country.

B3 Contracts of carriage and insurance

a) Contract of carriage

The buyer must contract, at its own expense for the carriage of the goods from the named port of shipment, except where the contract of carriage is made by the seller as provided for in A3 a).

b) Contract of insurance

The buyer has no obligation to the seller to make a contract of insurance.

B4 Taking delivery

The buyer must take delivery of the goods when they have been delivered as envisaged in A4.

B5 Transfer of risks

The buyer bears all risks of loss of or damage to the goods from the time they have been delivered as envisaged in A4.

If

a) the buyer fails to give notice in accordance with B7; or
b) the vessel nominated by the buyer fails to arrive on time, or fails to take the goods or closes for cargo earlier than the time notified in accordance with B7;

then the buyer bears all risks of loss of or damage to the goods from the agreed date or the expiry date of the agreed period for delivery, provided that the goods have been clearly identified as the contract goods.

B6 Allocation of costs

The buyer must pay

a) all costs relating to the goods from the time they have been delivered as envisaged in A4, except, where applicable, the costs of customs formalities necessary for export as well as all duties, taxes, and other charges payable upon export as referred to in A6 b);

b) any additional costs incurred, either because:

   (i) the buyer has failed to give appropriate notice in accordance with B7, or

   (ii) the vessel nominated by the buyer fails to arrive on time, is unable to take the goods, or closes for cargo earlier than the time notified in accordance with B7, provided that the goods have been clearly identified as the contract goods; and

c) where applicable, all duties, taxes and other charges, as well as the costs of carrying out customs formalities payable upon import of the goods and the costs for their transport through any country.

B7 Notices to the seller

The buyer must give the seller sufficient notice of the vessel name, loading point and, where necessary, the selected delivery time within the agreed period.

B8 Proof of delivery

The buyer must accept the proof of delivery provided as envisaged in A8.

B9 Inspection of goods

The buyer must pay the costs of any mandatory pre-shipment inspection, except when such inspection is mandated by the authorities of the country of export.

B10 Assistance with information and related costs

The buyer must, in a timely manner, advise the seller of any security information requirements so that the seller may comply with A10.

The buyer must reimburse the seller for all costs and charges incurred by the seller in providing or rendering assistance in obtaining documents and information as envisaged in A10.

The buyer must, where applicable, in a timely manner, provide to or render assistance in obtaining for the seller, at the seller's request, risk and expense, any documents and information, including security-related information, that the seller needs for the transport and export of the goods and for their transport through any country.

FOB

FREE ON BOARD

FOB (insert named port of shipment) Incoterms® 2010

GUIDANCE NOTE

This rule is to be used only for sea or inland waterway transport.

"Free on Board" means that the seller delivers the goods on board the vessel nominated by the buyer at the named port of shipment or procures the goods already so delivered. The risk of loss of or damage to the goods passes when the goods are on board the vessel, and the buyer bears all costs from that moment onwards.

The seller is required either to deliver the goods on board the vessel or to procure goods already so delivered for shipment. The reference to "procure" here caters for multiple sales down a chain ('string sales'), particularly common in the commodity trades.

FOB may not be appropriate where goods are handed over to the carrier before they are on board the vessel, for example goods in containers, which are typically delivered at a terminal. In such situations, the FCA rule should be used.

FOB requires the seller to clear the goods for export, where applicable. However, the seller has no obligation to clear the goods for import, pay any import duty or carry out any import customs formalities.

A THE SELLER'S OBLIGATIONS

A1 General obligations of the seller

The seller must provide the goods and the commercial invoice in conformity with the contract of sale and any other evidence of conformity that may be required by the contract. Any document referred to in A1-A10 may be an equivalent electronic record or procedure if agreed between the parties or customary.

A2 Licences, authorizations, security clearances and other formalities

Where applicable, the seller must obtain, at its own risk and expense, any export licence or other official authorization and carry out all customs formalities necessary for the export of the goods.

A3 Contracts of carriage and insurance

a) Contract of carriage

The seller has no obligation to the buyer to make a contract of carriage. However, if requested by the buyer or if it is commercial practice and the buyer does not give an instruction to the contrary in due time, the seller may contract for carriage on usual terms at the buyer's risk and expense. In either case, the seller may decline to make the contract of carriage and, if it does, shall promptly notify the buyer.

b) Contract of insurance

The seller has no obligation to the buyer to make a contract of insurance. However, the seller must provide the buyer, at the buyer's request, risk, and expense (if any), with information that the buyer needs for obtaining insurance.

A4 Delivery

The seller must deliver the goods either by placing them on board the vessel nominated by the buyer at the loading point, if any, indicated by the buyer at the named port of shipment or by procuring the goods so delivered. In either case, the seller must deliver the goods on the agreed date or within the agreed period and in the manner customary at the port. If no specific loading point has been indicated by the buyer, the seller may select the point within the named port of shipment that best suits its purpose.

A5 Transfer of risks

The seller bears all risks of loss of or damage to the goods until they have been delivered in accordance with A4 with the exception of loss or damage in the circumstances described in B5.

A6 Allocation of costs

The seller must pay

a) all costs relating to the goods until they have been delivered in accordance with A4, other than those payable by the buyer as envisaged in B6; and
b) where applicable, the costs of customs formalities necessary for export, as well as all duties, taxes and other charges payable upon export.

A7 Notices to the buyer

The seller must, at the buyer's risk and expense, give the buyer sufficient notice either that the goods have been delivered in accordance with A4 or that the vessel has failed to take the goods within the time agreed.

A8 Delivery document

The seller must provide the buyer, at the seller's expense, with the usual proof that the goods have been delivered in accordance with A4.
Unless such proof is a transport document, the seller must provide assistance to the buyer, at the buyer's request, risk and expense, in obtaining a transport document.

A9 Checking - packaging - marking

The seller must pay the costs of those checking operations (such as checking quality, measuring, weighing, counting) that are necessary for the purpose of delivering the goods in accordance with A4, as well as the costs of any pre-shipment inspection mandated by the authority of the country of export.
The seller must, at its own expense, package the goods, unless it is usual for the particular trade to transport the type of goods sold unpackaged. The seller may package the goods in the manner appropriate for their transport, unless the buyer has notified the seller of specific packaging

requirements before the contract of sale is concluded. Packaging is to be marked appropriately.

A10 Assistance with information and related costs

The seller must, where applicable, in a timely manner, provide to or render assistance in obtaining for the buyer, at the buyer's request, risk and expense, any documents and information, including security-related information, that the buyer needs for the import of the goods and/or for their transport to the final destination.

The seller must reimburse the buyer for all costs and charges incurred by the buyer in providing or rendering assistance in obtaining documents and information as envisaged in B10.

B THE BUYER'S OBLIGATIONS

B1 General obligations of the buyer

The buyer must pay the price of the goods as provided in the contract of sale.

Any document referred to in B1-B10 may be an equivalent electronic record or procedure if agreed between the parties or customary.

B2 Licences, authorizations, security clearances and other formalities

Where applicable, it is up to the buyer to obtain, at its own risk and expense, any import licence or other official authorization and carry out all customs formalities for the import of the goods and for their transport through any country.

B3 Contracts of carriage and insurance

a) Contract of carriage

The buyer must contract, at its own expense for the carriage of the goods from the named port of shipment, except where the contract of carriage is made by the seller as provided for in A3 a).

b) Contract of insurance

The buyer has no obligation to the seller to make a contract of insurance.

B4 Taking delivery

The buyer must take delivery of the goods when they have been delivered as envisaged in A4.

B5 Transfer of risk

The buyer bears all risks of loss of or damage to the goods from the time they have been delivered as envisaged in A4.

If

a) the buyer fails to notify the nomination of a vessel in accordance with B7; or

b) the vessel nominated by the buyer fails to arrive on time to enable the seller to comply with A4, is unable to take the goods, or closes for cargo earlier than the time notified in accordance with B7;

then, the buyer bears all risks of loss of or damage to the goods:

(i) from the agreed date, or in the absence of an agreed date,

(ii) from the date notified by the seller under A7 within the agreed period, or, if no such date has been notified,

(iii) from the expiry date of any agreed period for delivery, provided that the goods have been clearly identified as the contract goods.

B6 Allocation of costs

The buyer must pay

a) all costs relating to the goods from the time they have been delivered as envisaged in A4, except, where applicable, the costs of customs formalities necessary for export, as well as all duties, taxes and other charges payable upon export as referred to in A6 b);

b) any additional costs incurred, either because:

   (i) the buyer has failed to give appropriate notice in accordance with B7, or

   (ii) the vessel nominated by the buyer fails to arrive on time, is unable to take the goods, or closes for cargo earlier than the time notified in accordance with B7, provided that the goods have been clearly identified as the contract goods; and

c) where applicable, all duties, taxes and other charges, as well as the costs of carrying out customs formalities payable upon import of the goods and the costs for their transport through any country.

B7 Notices to the seller

The buyer must give the seller sufficient notice of the vessel name, loading point and, where necessary, the selected delivery time within the agreed period.

B8 Proof of delivery

The buyer must accept the proof of delivery provided as envisaged in A8.

B9 Inspection of goods

The buyer must pay the costs of any mandatory pre-shipment inspection, except when such inspection is mandated by the authorities of the country of export.

B10 Assistance with information and related costs

The buyer must, in a timely manner, advise the seller of any security information requirements so that the seller may comply with A10.
The buyer must reimburse the seller for all costs and charges incurred by the seller in providing or rendering assistance in obtaining documents and information as envisaged in A10.
The buyer must, where applicable, in a timely manner, provide to or render assistance in obtaining for the seller, at the seller's request, risk and expense, any documents and information, including security-related information, that the seller needs for the transport and export of the goods and for their transport through any country.

CFR

COST AND FREIGHT

CFR (insert named port of destination) Incoterms® 2010

GUIDANCE NOTE

This rule is to be used only for sea or inland waterway transport.

"Cost and Freight" means that the seller delivers the goods on board the vessel or procures the goods already so delivered. The risk of loss of or damage to the goods passes when the goods are on board the vessel. The seller must contract for and pay the costs and freight necessary to bring the goods to the named port of destination.

When CPT, CIP, CFR or CIF are used, the seller fulfils its obligation to deliver when it hands the goods over to the carrier in the manner specified in the chosen rule and not when the goods reach the place of destination.

This rule has two critical points, because risk passes and costs are transferred at different places. While the contract will always specify a destination port, it might not specify the port of shipment, which is where risk passes to the buyer. If the shipment port is of particular interest to the buyer, the parties are well advised to identify it as precisely as possible in the contract.

The parties are well advised to identify as precisely as possible the point at the agreed port of destination, as the costs to that point are for the account of the seller. The seller is advised to procure contracts of carriage that match this choice precisely. If the seller incurs costs under its contract of carriage related to unloading at the specified point at the port of destination, the seller is not entitled to recover such costs from the buyer unless otherwise agreed between the parties.

The seller is required either to deliver the goods on board the vessel or to procure goods already so delivered for shipment to the destination. In addition, the seller is required either to make a contract of carriage or to procure such a contract. The reference to "procure" here caters for multiple sales down a chain ('string sales'), particularly common in the commodity trades.

CFR may not be appropriate where goods are handed over to the carrier before they are on board the vessel, for example goods in containers, which are typically delivered at a terminal. In such circumstances, the CPT rule should be used.

CFR requires the seller to clear the goods for export, where applicable. However, the seller has no obligation to clear the goods for import, pay any import duty or carry out any import customs formalities.

A THE SELLER'S OBLIGATIONS

A1 General obligations of the seller

The seller must provide the goods and the commercial invoice in conformity with the contract of sale and any other evidence of conformity that may be required by the contract.

Any document referred to in A1-A10 may be an equivalent electronic record or procedure if agreed between the parties or customary.

A2 Licences, authorizations, security clearances and other formalities

Where applicable, the seller must obtain, at its own risk and expense, any export licence or other official authorization and carry out all customs formalities necessary for the export of the goods.

A3 Contracts of carriage and insurance

a) Contract of carriage

The seller must contract or procure a contract for the carriage of the goods from the agreed point of delivery, if any, at the place of delivery to the named port of destination or, if agreed, ny point at that port. The contract of carriage must be made on usual terms at the seller's expense and provide for carriage by the usual route in a vessel of the type normally used for he transport of the type of goods sold.

b) Contract of insurance

The seller has no obligation to the buyer to make a contract of insurance. However, the seller must provide the buyer, at the buyer's request, risk, and expense (if any), with information that the buyer needs for obtaining insurance.

A4 Delivery

The seller must deliver the goods either by placing them on board the vessel or by procuring the goods so delivered. In either case, the seller must deliver the goods on the agreed date or within the agreed period and in the manner customary at the port.

A5 Transfer of risks

The seller bears all risks of loss of or damage to the goods until they have been delivered in accordance with A4, with the exception of loss or damage in the circumstances described in B5.

A6 Allocation of costs

The seller must pay

a) all costs relating to the goods until they have been delivered in accordance with A4, other than those payable by the buyer as envisaged in B6;

b) the freight and all other costs resulting from A3 a), including the costs of loading the goods on board and any charges for unloading at the agreed port of discharge that were for the seller's account under the contract of carriage; and

c) where applicable, the costs of customs formalities necessary for export as well as all uties, taxes and other charges payable upon export, and the costs for their transport through any country that were for the seller's account under the contract of carriage.

A7 Notices to the buyer

The seller must give the buyer any notice needed in order to allow the buyer to take measures that are normally necessary to enable the buyer to take the goods.

A8 Delivery document

The seller must, at its own expense, provide the buyer without delay with the usual transport ocument for the agreed port of destination.
This transport document must cover the contract goods, be dated within the period agreed or shipment, enable the buyer to claim the goods from the carrier at the port of destination nd, unless otherwise agreed, enable the buyer to sell the goods in transit by the transfer of he document to a subsequent buyer or by notification to the carrier.
When such a transport document is issued in negotiable form and in several originals, a full set of originals must be presented to the buyer.

A9 Checking - packaging - marking

The seller must pay the costs of those checking operations (such as checking quality, measuring, weighing, counting) that are necessary for the purpose of delivering the goods in accordance with A4, as well as the costs of any pre-shipment inspection mandated by the authority of the country of export.
The seller must, at its own expense, package the goods, unless it is usual for the particular trade to transport the type of goods sold unpackaged. The seller may package the goods in the manner appropriate for their transport, unless the buyer has notified the seller of specific packaging requirements before the contract of sale is concluded. Packaging is to be marked appropriately.

A10 Assistance with information and related costs

The seller must, where applicable, in a timely manner, provide to or render assistance in obtaining for the buyer, at the buyer's request, risk and expense, any documents and information, including security-related information, that the buyer needs for the import of the goods and/or for their transport to the final destination.

The seller must reimburse the buyer for all costs and charges incurred by the buyer in providing or rendering assistance in obtaining documents and information as envisaged in B10.

B THE BUYER'S OBLIGATIONS

B1 General obligations of the buyer

The buyer must pay the price of the goods as provided in the contract of sale.

Any document referred to in B1-B10 may be an equivalent electronic record or procedure if agreed between the parties or customary.

B2 Licences, authorizations, security clearances and other formalities

Where applicable, it is up to the buyer to obtain, at its own risk and expense, any import licence or other official authorization and carry out all customs formalities for the import of the goods and for their transport through any country.

B3 Contracts of carriage and insurance

a) Contract of carriage

The buyer has no obligation to the seller to make a contract of carriage.

b) Contract of insurance

The buyer has no obligation to the seller to make a contract of insurance. However, the buyer must provide the seller, upon request, with the necessary information for obtaining insurance.

B4 Taking delivery

The buyer must take delivery of the goods when they have been delivered as envisaged in A4 and receive them from the carrier at the named port of destination.

B5 Transfer of risks

The buyer bears all risks of loss of or damage to the goods from the time they have been delivered as envisaged in A4.

If the buyer fails to give notice in accordance with B7, then it bears all risks of loss of or damage to the goods from the agreed date or the expiry date of the agreed period for shipment, provided that the goods have been clearly identified as the contract goods.

B6 Allocation of costs

The buyer must, subject to the provisions of A3 a), pay

a) all costs relating to the goods from the time they have been delivered as envisaged in A4, except, where applicable, the costs of customs formalities necessary for export as well as all duties, taxes, and other charges payable upon export as referred to in A6 c);

b) all costs and charges relating to the goods while in transit until their arrival at the port of destination, unless such costs and charges were for the seller's account under the contract of carriage;

c) unloading costs including lighterage and wharfage charges, unless such costs and charges were for the seller's account under the contract of carriage;

d) any additional costs incurred if it fails to give notice in accordance with B7, from the agreed date or the expiry date of the agreed period for shipment, provided that the goods have been clearly identified as the contract goods; and

e) where applicable, all duties, taxes and other charges, as well as the costs of carrying out customs formalities payable upon import of the goods and the costs for their transport through any country unless included within the cost of the contract of carriage.

B7 Notices to the seller

The buyer must, whenever it is entitled to determine the time for shipping the goods and/or the point of receiving the goods within the named port of destination, give the seller sufficient notice thereof.

B8 Proof of delivery

The buyer must accept the transport document provided as envisaged in A8 if it is in conformity with the contract.

B9 Inspection of goods

The buyer must pay the costs of any mandatory pre-shipment inspection, except when such inspection is mandated by the authorities of the country of export.

B10 Assistance with information and related costs

The buyer must, in a timely manner, advise the seller of any security information requirements so that the seller may comply with A10.

The buyer must reimburse the seller for all costs and charges incurred by the seller in providing or rendering assistance in obtaining documents and information as envisaged in A10.

The buyer must, where applicable, in a timely manner, provide to or render assistance in obtaining for the seller, at the seller's request, risk and expense, any documents and information, including security-related information, that the seller needs for the transport and export of the goods and for their transport through any country.

CIF

COST INSURANCE AND FREIGHT

CIF (insert named port of destination) Incoterms® 2010

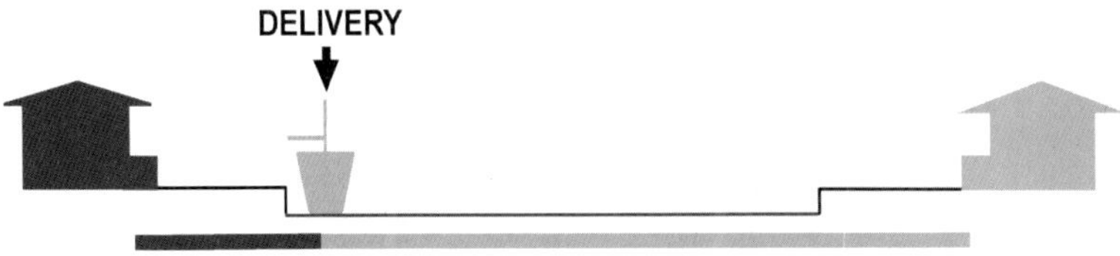

GUIDANCE NOTE

This rule is to be used only for sea or inland waterway transport.

"Cost, Insurance and Freight" means that the seller delivers the goods on board the vessel or procures the goods already so delivered. The risk of loss of or damage to the goods passes when the goods are on board the vessel. The seller must contract for and pay the costs and freight necessary to bring the goods to the named port of destination.

The seller also contracts for insurance cover against the buyer's risk of loss of or damage to the goods during the carriage. The buyer should note that under CIF the seller is required to obtain insurance only on minimum cover. Should the buyer wish to have more insurance protection, it will need either to agree as much expressly with the seller or to make its own extra insurance arrangements.

When CPT, CIP, CFR, or CIF are used, the seller fulfils its obligation to deliver when it hands the goods over to the carrier in the manner specified in the chosen rule and not when the goods reach the place of destination.

This rule has two critical points, because risk passes and costs are transferred at different places. While the contract will always specify a destination port, it might not specify the port of shipment, which is where risk passes to the buyer. If the shipment port is of particular interest to the buyer, the parties are well advised to identify it as precisely as possible in the contract.

The parties are well advised to identify as precisely as possible the point at the agreed port of destination, as the costs to that point are for the account of the seller. The seller is advised to procure contracts of carriage that match this choice precisely. If the seller incurs costs under its contract of carriage related to unloading at the specified point at the port of destination, the seller is not entitled to recover such costs from the buyer unless otherwise agreed between the parties.

The seller is required either to deliver the goods on board the vessel or to procure goods already so delivered for shipment to the destination. In addition the seller is required either to make a contract of carriage or to procure such a contract. The reference to "procure" here caters for multiple sales down a chain ('string sales'), particularly common in the commodity trades.

CIF may not be appropriate where goods are handed over to the carrier before they are on board the vessel, for example goods in containers, which are typically delivered at a terminal. In such circumstances, the CIP rule should be used.

CIF requires the seller to clear the goods for export, where applicable. However, the seller has no obligation to clear the goods for import, pay any import duty or carry out any import customs formalities.

A THE SELLER'S OBLIGATIONS

A1, A2, A3(a), A4 to A10

See the comments to CFR A1, A2, A3 (a), A4 to A10.

A3 (b) Contracts of insurance

b) Contract of insurance

The seller must obtain, at its own expense, cargo insurance complying at least with the minimum cover provided by Clauses (C) of the Institute Cargo Clauses (LMA/IUA) or any similar clauses. The insurance shall be contracted with underwriters or an insurance company of good repute and entitle the buyer, or any other person having an insurable interest in the goods, to claim directly from the insurer.

When required by the buyer, the seller shall, subject to the buyer providing any necessary information requested by the seller, provide at the buyer's expense any additional cover, if procurable, such as cover as provided by Clauses (A) or (B) of the Institute Cargo Clauses (LMA/IUA) or any similar clauses and/or cover complying with the Institute War Clauses and/or Institute Strikes Clauses (LMA/IUA) or any similar clauses.

The insurance shall cover, at a minimum, the price provided in the contract plus 10% (i.e.,110%) and shall be in the currency of the contract.

The insurance shall cover the goods from the point of delivery set out in

A4 and A5 to at least the named port of destination.
The seller must provide the buyer with the insurance policy or other evidence of insurance cover.
Moreover, the seller must provide the buyer, at the buyer's request, risk, and expense (if any), with information that the buyer needs to procure any additional insurance.

B THE BUYER'S OBLIGATIONS

B1 to B2, B3(a) and B4 to B10

See the comments to CFR B1, B2, B3(a) and B4 to B10.

B3(b) Contract of insurance

b) Contract of insurance
The buyer has no obligation to the seller to make a contract of insurance. However, the buyer must provide the seller, upon request, with any information necessary for the seller to procure any additional insurance requested by the buyer as envisaged in A3 (b).